연기법으로
읽는
불교

# 연기법으로
# 읽는
# 불교

목경찬

불광출판사

불교 공부는
마음 다스리는
공부

부처님 가르침을 배우고자 하는 것은 자신의 마음을 다스리려는 측면이 강합니다. 다양한 동기에서 불법(佛法)을 접하게 되지만, 결국 마음을 다스리려는 곳으로 귀결된다고 봅니다. 그 동기가 복을 비는 기복 불교가 되었든, 지식을 얻고자 하는 지적 호기심에서 시작되었든, 심각한 인생 문제에서 불법을 접하게 되었든, 결국은 자신의 모습을 살펴보는 길로 접어들게 됩니다. 물론 그 과정이 길 수도 있고 짧을 수도 있습니다.

그리고 그러한 동기를 가지게 된 이유들을 살펴보면, 모든 것이 마음 작용에서 시작된 것임을 알 수 있습니다. 마음 작용에 의해 세상을 자기 식대로 보고, 그에 의해 세상을 바로 보지 못하고 자신도 모르게 잘못된 해석을 하고, 그 해석된 것에 의해 또 세상을 색안경 끼고 봅니다. 그러면서 그 속에서 스스로 괴로워하고 즐거워하고 온갖 감정을 쏟아냅니다. 어떻게 보면 자신이 만든 세상에서 자신이 희로애락을 느끼면서도 세상을 향해 감정을 쏟아내며 무엇인가 알 수 없는 고통 속에 잠겨 있습니다. 그리고 세상이 자신을 이렇게 만든다고 봅니다. 그러나 이렇게 밖으로만 향했을 때는 마음의 평온을 얻기란 쉽지 않습니다. 한번 숨을 길게 쉬고 차분히 살펴볼 여유만 있다면. 내 식대로 세상을 보려고 하는 것은 아닌지, 내 주장대로 가족들에게 강요하고 있는 것은 아닌지. 이러한 '내 식', '내 주장'을 내려놓는 것이 불교 공부라고 봅니다.

그러나 이러한 '내 식', '내 주장'을 쉽게 내려놓지 못합니다. 그것은 수많은 세월 동안 우리 마음속에 굳건하게 자리 잡고 있기 때문에 한 순간에 뽑아버리기에는 너무도 힘듭니다. 일단 여기서 마음속에 자리 잡고 있는 것을 업(業)이라고 보아도 무방합니다. 업(業)이라고 하면 보통 팔자(八字)나 숙명으로 연결시켜 이해하는데, 불교에서는 단지 그런 뜻으로 이해하지 않습니다. 간단하게 이해하고 넘어가자면, 지금 이 순간의 삶을 포함하여 이전 삶의 모습이 알게 모르게 마음속에 간직된 것이 업(業)입니다. 그 업이 현재 삶의 기준이 되어 세상을 바라봅니다. 따라서 '내 식', '내 주장'이란 본인의 업이자 업이 밖으로 드러난 것이라고 보면 됩니다. 업은 단지 팔자나 숙명이 아닙니다. 업이란 삶 자체이자 삶의 흔적입니다.

마음을 다스린다는 것은 삶을 다스린다는 것이고, 업을 다스린다는 것입니다. 어떤 동기로 인해 불법에 들어왔든 그 향하고자 하는 곳은 마음을 살펴보는 것입니다. 따라서 불교 공부가 마음 다스리는 공부라고 할 때, 교리 공부는 단지 용어 몇 가지 더

아는 차원이 되어서는 안 됩니다. 교리 공부는 마음 다스리는 공부로 나아가게 해야 하며, 결국 삶에 영향을 주어야 합니다. 교리 공부는 글자 공부가 아닙니다.

따라서 교리 공부도 마음 자세가 중요합니다. 대신심(大信心), 대분심(大憤心), 대의심(大疑心)입니다. 참선 수행자가 지녀야 할 마음 자세인데, 교리 공부와 관련하여 살펴보겠습니다.

대신심(大信心), 큰 믿음입니다. 불(佛)·법(法)·승(僧) 삼보(三寶)에 대한 확실한 믿음을 가지고 정진해야 한다는 것입니다. 모든 일에 믿음이 전제되어 있지 않고서는 일이 진행될 수 없습니다. 가령 여러분이 이 글에 무엇인가 있을 것이라는 믿음 자체가 없었다면 이 글을 보지 않았을 것입니다. 이 글이 그러할진대 성인의 말씀을 접하는 경우에야 말할 것이 있겠습니까.

대분심(大憤心), 큰 분발심입니다. '나도 깨달을 수 있다'는 마음 자세입니다. 이러한 마음가짐이 있어야 물러서지 않고 끊임없이 나아갈 수 있습니다. 그러나 우리는 쉽게 '우리 주제에 뭘'이라는 한계를 지어버립니다.

대의심(大疑心), 큰 의심입니다. ─ 이 말은 화두에 대한 사무친 마음인데 저는 교리 공부 측면에서 이해해 봅니다. ─ 여기서 의심(疑心)은 일반적으로 이해하는 불신(不信)과 다릅니다. 여기서 의심은 앞의 대신심이 전제되어 있는 대의심입니다. 가령, 매일 정확하게 출근하던 사람이 그날 늦게 왔다면 우리는 '그럴 사람이 아닌데' 하며 그 사람을 걱정합니다. 믿음이 전제되어 있기에 그

런 말이 나옵니다. 우리가 경전을 보면 일반 상식으로 이해되지
않는 내용이 많이 나옵니다. 만약 믿음이 전제되어 있지 않으
면 무시하거나 비방하면 그만입니다. 그러나 믿음이 전제되어 있으
면 대하는 태도가 달라집니다. '왜 이런 말씀을 하셨을까?' 부처
님 말씀을 지금 상식으로 함부로 판단하지 않게 됩니다. 대의심
은 반대로 무조건 받아들이는 것도 경계합니다. 본인 상식과 맞
지 않으면 무조건 받아들이는 것이 아니라 잠시 판단을 보류하는
것입니다. 필자의 경험으로, 그러면 그 부분이 '아아! 그렇구나.'
하며 풀리는 때가 있습니다. 이런 의미에서 큰 의심입니다.
　　부처님께서는 다음과 같이 말씀하셨습니다.

　　소문이나 전승이나 여론에 끄달리지 말고, 성전의 권위나 논리
　　나 추론에도 끄달리지 말고, 그럴듯한 개인적 인상이나 이 분이
　　나의 스승이라는 생각에 끄달리지 말라.
　　『앙굿따라니까야』「깔라마경」

　　공부하는 과정에는 수많은 의심과 질문이 있어야 합니다. 다
른 이의 견해뿐만 아니라 자신의 견해에 대해서도 끊임없이 의
문을 가지고 질문하는 과정이 필요합니다. 이 책에서는 불교 공
부를 하는 동안 느꼈던 의문을 가지고 부처님의 근본 가르침을
살펴보고자 합니다.
　　이러한 의문이 앞서 언급한 대의심은 아닐 수 있습니다. 그

리고 논리 전개를 위해 필자의 입맛에 맞는 글을 인용했을지도 모릅니다. 그리고 어떤 경우에는 공감할 수 없는 내용도 있을 것입니다. 그러나 의문이나 문제 제기 자체는 충분히 함께 생각해 볼 거리라고 생각합니다. 독자 여러분의 새로운 의문과 문제 제기를 기대하며 글을 시작하겠습니다.

# 차례

# Ⅰ.
# 불교의 핵심, 연기법(緣起法)

# II.
# 연기로 펼쳐진 세상

# III.
# 연기와 윤회의 동력, 번뇌와 업

# Ⅳ.
# 수행과 실천

# I

# 불교의 핵심,
# 연기법(緣起法)

- 연기법은
  마음 작용 간의 관계

- 삼법인을 통한
  연기법의 이해

- 인도 사상과 비교를 통한
  연기법의 이해

⋮

따라서 '이것이 있으므로 저것이 있다…'라는 구절을

아버지와 아들, 자연과 사람 등

서로 관계되는 대상 어디에나

적용하고 있는 오늘날의 사고는

한번 돌이켜 보아야 합니다.

이 구절을 인용하여 응용하는 사고마저

부정하지는 않지만,

이 구절의 가르침이 나타내는

중심이 무엇인가에 대해서는

명확하게 살펴봐야 하지 않을까 합니다.

먼 옛날 이 땅에 오신 석가모니 부처님께서는 많은 가르침을 펼쳤습니다. 그 많은 가르침은 팔만대장경이라는 어마어마한 양으로 오늘날까지 전해집니다. 여기서 '팔만'이라는 말은 딱 떨어지는 팔만이라는 숫자의 의미가 아니라 굉장히 많은 수를 일컫는 말입니다. 깨달음을 얻고 열반에 들기 전까지 45년 동안이나 자비심으로 중생들에게 다양한 가르침을 주셨으니, 팔만이라는 딱 떨어진 숫자로는 참으로 부족합니다. 그런데도 부처님께서는 당신이 베푸신 가르침은 숲에 비교하자면 손에 쥔 나뭇잎 정도밖에 되지 않는다고 하셨습니다.

　　　그렇다면 그 어마어마한 부처님 가르침 가운데 부처님의 근본 가르침은 무엇일까요? '근본'이라는 말 속에는 '중심' 또는 '핵심'이라는 뜻도 있고, '기본' 또는 '기초'라는 뜻도 있습니다. 부처님께서는 당신이 깨달은 내용을 우리에게 가르쳐주셨을 터이니, 부처님께서 깨달으신 내용이 어쩌면 핵심이자 기본 가르침일 수 있습니다. 그런데 오늘날 불교학계에서는 깨달음의 내용과 깨달음의 과정에 대해 다양한 의견이 있습니다. 즉 어떻게 깨달으셨고 그 내용이 무엇인가에 대해서 다양하게 주장합니다. 가령, 사성제와 십이연기를 통해 깨달았다는 주장, 팔정도 등 수행도의 완성에 의해 깨달았다는 주장, 오온·십이처·십팔계에 대한 무상·고·무아관에 의해 깨달았다는 주장 등입니다.

따라서 오늘날 불교 서적을 보면, 십이연기, 삼법인, 사성제, 오온, 십이처, 십팔계, 팔정도 등의 가르침을 통해 핵심이면서도 기본이 되는 부처님 가르침을 대중들에게 알려주고자 하는 많은 노력들이 보입니다. 이 글에서는 그 많은 가르침 가운데 연기법을 바탕으로 하여 십이연기, 사성제 등의 가르침을 풀어가고자 합니다.

# 1

# 연기법은
# 마음 작용 간의 관계

## 1)
## 연기법의 핵심은 내연기(內緣起)

다른 가르침과 가장 구별되는 부처님의 근본 가르침은 바로 연기법입니다. 그만큼 불교에서는 연기법에 대한 이해가 매우 중요합니다. 그러나 뿌연 연기(煙氣) 속에 헤매는 것처럼 연기법(緣起法)을 이해하는 것은 결코 쉽지 않습니다. 그래서 경전 곳곳에서는 다음과 같이 강조합니다.

연기를 보는 자는 법을 보고, 법을 보는 자는 연기를 본다.

『중아함경』 제30권, 「상적유경(象跡喩經)」

연기를 보는 자는 법을 보고, 법을 보는 자는 부처님을 본다.

『도간경(稻芊經)』

그렇다면 연기법은 어떤 가르침일까요? 그리고 그 연기법을 오늘날 어떻게 이해하고 있을까요? 일반적으로 연기(緣起)를 글자 그대로 '서로 인연(因緣)하여 일어나는 것', '다른 것과 관계를 맺어 일어나는 것' 등으로 풀이합니다. 이러한 풀이 아래 연기법을 '세상만물은 홀로 존재하는 것은 없고 서로 관계하여 존재한다'는 측면에서 이해합니다. 그리고 다음 경전 말씀에 주목합니다.

> 이제 비유로 말하겠소. 지혜로운 사람은 비유로써 뜻을 알게 되는 것이니, 비유하자면 갈대 세 줄기가 빈 땅에 서려고 할 때 서로서로 의지하여야 서게 되는 것과 같습니다. 만일 그 하나를 버려도 둘은 서지 못하고, 만일 둘을 버려도 하나는 또한 서지 못하여 서로서로 의지하여야 서로 서게 되는 것입니다.
>
> 『잡아함경』제12권, 「노경(蘆經)」

그러면서 더욱 쉽게 이해시키고자 다음과 같은 예를 듭니다. '물은 산소와 수소로 이루어져 있고, 지금 먹는 이 한 톨의 쌀에도 모든 인연이 모여 있다. 결코 홀로 존재하는 것은 없다. 모두 상호 관계 속에 존재한다. 이것이 연기의 가르침이다.' 더 나아가 연기법을 사회 관계성으로 응용하여 설명해주기도 합니다. '내가 있으니 네가 있고, 네가 있으니 내가 있다. 자연이 있으니 사람이 있고 사람이 있으니 자연이 있다. 서로 관계하여 존재한다. 이것이 연기법이다.'

이처럼 예를 들어가면서 연기법을 쉽게 설명해줍니다. 이러한 설명을 들었을 때 우리는 별 반성 없이 '와! 연기법은 위대한 가르침이다. 맞아! 세상은 결코 홀로 존재하는 것은 없어. 서로 관계 지어져 있어. 역시 부처님 가르침은 탁월해!' 하며 감탄합니다.

그런데 그 감탄하는 이유를 살펴보면 이런 배경이 작용합니다. 첫째, 너무도 당연한 것인데 본인이 잠시 생각하지 않고 있던 것을 상기시켜 주었기 때문입니다. 둘째, 지금 우리의 삶이 너무도 개인적이고 이기적이기에 '서로 관계하여 존재한다'는 말이 마음에 크게 와 닿기 때문입니다. 셋째, 지금 현대 과학으로 밝혀진 내용들이 서로 관계성을 이야기하고 있기 때문에 부처님의 가르침은 세상 모든 학문을 포함하며 또한 고리타분한 가르침이 아니라는 생각이 들기 때문입니다. 등등 여타의 이유 때문에 연기법에 대한 앞의 설명에 감탄하여 부처님을 칭송합니다. 그러면서 그것이 연기법의 핵심 내용이라고 생각합니다.

이쯤에서 찬찬히 생각해볼 필요가 있습니다. 논의를 계속하기 위해서, 일단 연기(緣起)의 뜻은 '서로 관계하여 일어난다'로 이해하고 시작합니다. 그리고 '세상만물은 서로 관계하여 존재하며 결코 홀로 존재하는 것은 없다'는 것도 지당한 말씀입니다. 그렇지만 앞의 설명만으로 연기법을 이해했다고 하기에는 무리입니다. 이렇게 단순한 것이라면 경전에서 그렇게 연기법을 찬탄하지는 않았을 것이라고 봅니다.

따라서 여기에서 '서로 관계하는 것이 무엇이며, 그렇게 관계하여 일어나는 것이 무엇인지'가 열쇠입니다. 만약 '서로 관계'라는 말이 앞서 언급한 '산소와 수소의 관계', '너와 나의 관계',

'자연과 사람의 관계'를 설명하기 위한 것이라면 굳이 이러한 내용이 불교이어야 할 필요가 있는가 하는 의구심이 듭니다. 그러한 관계성은 훌륭한 과학자, 사회학자, 생태학자가 오히려 더 잘 아는 사실이 아닌가 합니다. 그렇다고 해서 그들이 부처님처럼 마음의 평온(해탈)을 얻은 이는 아니지 않습니까?

그리고 『잡아함경』「노경(蘆經)」에서 언급하는 '갈대 다발의 비유' 역시 연기의 원리 가운데 하나인 상호관계성을 이해시키기 위한 '비유'라는 점에 주목하시길 바랍니다. 갈대 다발에 대한 말씀은 갈대 다발이 서로 관계하여 서 있다는 사실을 주장하고자 한 말씀이 아니라 상호관계성에 대한 예로써 하신 말씀입니다. 그렇다면 무엇을 주장하고자 비유를 든 것일까요? 바로 이에 대한 답이 이 글의 핵심 내용입니다.

불교 공부는 마음 공부입니다. 따라서 이 글의 핵심을 먼저 말씀드리자면, 연기법은 바깥세계의 관계성에 중심을 두는 가르침이 아니라 마음 작용에 대한 관계성에 중심을 두는 가르침입니다.

우선 다른 이의 글을 통해 필자의 주장을 대신하며 논의를 이어가고자 합니다.

일반적으로 외계의 자연 현상에 관계되는 연기를 외연기(外緣起)라고 부르고, 내계의 정신 현상에 관한 가치적 연기를 내연기(內緣起)라고 부르기도 한다. 그렇지만 외연기는 주로 복잡한 내연기를 이해하기 쉽게 하기 위해 비유적으로 예를 들어 설명하는 경우에 쓰여진 것이며, 연기가 말해진 본래의 목적은 내연기에 있다고 보는 것이 타당하다.

미즈노 고겐(水野弘元) 저, 김현 역, 『원시불교』, 도서출판 벽호, 1993, 101쪽.

외연기·내연기에 대한 용어는 『요본생사경(了本生死經)』, 『도간경(稻芉經)』 등에서 보입니다. 이 경전에 의하면, 외연기는 씨앗·싹·줄기 등의 관계로 설명하고, 내연기는 무명(無明)에 의해 행(行)이 일어나고 나아가 노사(老死)가 일어나는 관계, 즉 십이연기(十二緣起)로 설명합니다. 즉 외연기는 마음 밖 대상과 대상의 관계 사물과 사물의 관계를 말합니다. 예를 들면 '산소와 수소의 관계' '너와 나의 관계', '자연과 사람의 관계' 등입니다. 내연기는 마음 작용 간의 관계를 말합니다. 예를 들면 앞서 언급한 무명(無明)에 의해 행(行)이 일어나고 나아가 노사(老死)가 일어나는 관계, 또는 원효 스님의 마음에 의해 해골바가지 물이 달콤한 물로 드러난 경우 등입니다.

## 2)
### '이것이 있으므로 저것이 있다'에서
### '이것'과 '저것'은?

앞에서 불교의 근본 가르침인 '연기(緣起)'란 '서로 관계하여 일어난다'라는 정도로 이해하기로 하였습니다. 그러면서 '서로 관계

하는 것이 무엇이며, 그렇게 관계하여 일어나는 것이 무엇인지'
를 이해하는 것이 중요하다고 하였습니다. 보통 연기법을 설명하
면서 관계성을 말할 때 빠짐없이 등장하는 구절이 있습니다.

이것이 있으므로 저것이 있고
이것이 생기므로 저것이 생긴다.
이것이 없으므로 저것이 없고
이것이 사라지므로 저것이 사라진다.
此有故彼有
此生故彼生
此無故彼無
此滅故彼滅

이 구절은 너무도 유명한 구절입니다. 불교를 접한 사람이라
면 한번 이상은 다 들어본 내용일 것입니다. 책에서 보았든지, 법
문을 통해 들었든지 말입니다. 어떤 사람은 이 구절을 '연기의 공
식'이라고 합니다. 어쩌면 불교 내에서는 너무도 자주 언급되기
에 '약방의 감초'로 비유될 수 있으며, 어떤 내용에도 적용 가능
하기에 '만병통치약'으로 비유될 수도 있습니다.

가령, 연기에 대한 법문을 쉽게 설명하기 위해 '아버지가 있으
니 아들이 있고, 아들이 있으니 아버지가 있다.'고 합니다. 나아가
함께 하자는 의미에서 '내가 있으니 네가 있고, 네가 있으니 내가
있다.'고 하거나 '자연이 있으니 사람이 있고, 사람이 있으니 자연

이 있다.'고 합니다. 즉, 이러한 외연기의 관계성을 설명하는 근거로 위에 인용한 구절 '이것이 있으므로…'를 사용합니다.

물론 일반인들에게 불교를 쉽게 설명하기 위해, 부처님 가르침을 응용하기 위해 이렇게 접근하고 있는지도 모릅니다. 그런데 과연 이러한 관계성을 말하는 것이 연기법의 핵심일까? 이러한 의문은 필자만의 의문이 아닙니다. 일본의 우에다 요시부미(上田義文)도 이러한 문제점을 지적했기 때문입니다.

서로 의지하여 있는 것이 부자지간 같다고 하는데 아비와 자식이 상관적이라는 것은 누구나 아는 사실이다. 건전한 이성을 지닌 어른이라면, 아니 어른이 안 된 중학생이라도 아는 일이다. 아비가 없으면 자식이 없다. 자식을 갖지 못하고는 아버지라고 할 수 없다. 그런 의미에서 아비와 자식이 상관적이라는 것은 상식에 속한다. 이것이 공이라면 용수같이 위대한 인물이 무엇 때문에 그런 난해한 것을 말하며,『중론』처럼 알듯 말듯한 말을 그토록 많이 써가며 말하지 않으면 안 되었겠는가?

우에다 요시부미(上田義文) 저, 박태원 역,『대승불교의 사상』, 민족사, 1989, 56쪽

그렇다면 위의 경전 구절을 어떻게 이해해야 하는가? 다음 내용에서 그 실마리를 찾아 볼 수 있습니다.

이것은 십이지(十二支) 가운데 지지(支支) 상호간의 연관 관계를 나타내는 것이지 이것[此]이나 저것[彼]이 다른 사물을 지칭하는

것은 아니다

변상섭,『유식삼성설의 제법 및 법계관 연구』, 동국대학교 석사학위논문, 1993, 1쪽

즉, '이것이 있으므로 저것이 있다….'라는 구절은 12지(支) 사이의 관계를 말하는 것이지, '이것'과 '저것'이라는 개별적인 존재 사물의 관계를 나타내는 것이 아니라는 지적입니다. 말하자면 여기서 '이것'과 '저것'은 무명·행·식 등 12지 각 지분을 나타내는 지시대명사이지, 아버지와 아들, 자연과 사람 등 서로 관계있는 모든 대상을 나타내는 지시대명사가 아닙니다. 실제 필자가 찾아본 경전에는 '이것이 있으므로 저것이 있다….'라는 구절 다음에는 반드시 십이연기의 상관 관계가 나왔습니다. 그 중 하나를 예로 듭니다.

이것으로 인하여 저것이 있고 이것이 없으면 저것이 없다. 이것이 생기면 저것이 생기고 이것이 사라지면 저것이 사라진다. 이른바 무명을 반연하여 행이 있고, 나아가 생을 반연하여 노사가 있다. 만약 무명이 사라지면 곧 행이 사라지고 나아가 생이 사라지면 곧 노사가 사라진다.

『중아함경』제47권, 「다계경(多界經)」

강조하자면, '이것이 있으므로 저것이 있다….'라는 구절은 세상 만물과 세상 만물 간의 관계성을 설명한다기보다는 십이연기(十二緣起) 각 지분 상호간의 연관성을 설명합니다. '이것이 있으

므로 저것이 있다…'라는 구절은 '무명이 있으므로 행이 있고, … 무명이 사라지므로 행이 사라지고, …'라는 십이연기에 대한 전제 말씀입니다. 서로 관계되는 대상 어디에나 적용할 수 있는 구절이 아닙니다.

따라서 '이것이 있으므로 저것이 있다…'라는 구절을 아버지와 아들, 자연과 사람 등 서로 관계되는 대상 어디에나 적용하고 있는 오늘날의 사고는 한번 돌이켜 보아야 합니다. 이 구절을 인용하여 응용하는 사고마저 부정하지는 않지만, 이 구절의 가르침이 나타내는 중심이 무엇인가에 대해서는 명확하게 살펴봐야 하지 않을까 합니다.

그렇다면, 십이연기란 무엇일까요? 무명에 의해 행이 일어나고 나아가 노사가 일어난다는 가르침입니다. 이러한 과정을 12지분으로 설명합니다. 12지분은 무명(無明), 행(行), 식(識), 명색(名色), 육입(六入), 촉(觸), 수(受), 애(愛), 취(取), 유(有), 생(生), 노사(老死)입니다. 그런데 이 12항목 하나하나에 대한 개념 설명은 부처님 가르침 이후 부파불교를 거쳐 대승불교, 심지어 오늘날까지 다양하게 논쟁되고 있는 내용들입니다. 그렇지만 이해를 돕기 위해 십이연기의 각 지분에 대한 다양한 논쟁을 종합하여 다음과 같이 정리해봅니다.

① **무명**(無明)

실재하지 않는 무상한 것을 실체로 착각하고 그 무상한 형체를 완전하고 영원한 것으로 집착하는 어리석음을 말합니다. 즉 진리에 대한 무지를 가리킵니다. 연기와 사성제의 도리를 모르고, 선악도 모르고, 참다운 인생관도 없으니 인생의 고뇌와 불행이 생기는 원인이 됩니다.

② **행**(行)

무명에 의해 행이 있습니다. 행이란 행위, 즉 업을 가리킵니다. 이처럼 밝지 못한 상태로 행동하고 말하고 생각함으로써 습관, 성격, 소질 등 바르지 못한 자기가 형성되어 갑니다. 이른바 업이 지어진 뒤 잠재적인 힘의 형태로 남습니다.

③ **식**(識)

행에 의하여 식이 있습니다. 이러한 행에 의해 형성된 잠재된 힘으로 인식이 일어납니다. 식이란 표면적인 의식뿐만 아니라 잠재의식까지 말합니다. 『아함경』 등에서 식이란 육식신(六識身)이라 말합니다. 육식신이란 안식신(眼識身)·이식신(耳識身)·비식신(鼻識身)·설식신(舌識身)·신식신(身識身)·의식신(意識身) 등입니다. 유식사상에서는 이때의 식을 제8식으로 봅니다.

④ **명색**(名色)

식에 의하여 명색이 있습니다. 명(名)이란 오온 가운데 수온·상온·행온·식온을 말하고, 색(色)은 색온을 말합니다.

⑤ **육입**(六入)

명색에 의하여 육입이 있습니다. 육입이란 육근(六根)을 말합니다. 육근은 안근·이근·비근·설근·신근·의근 등입니다. 그리고 그 기관들이 가지고 있는 감각 능력, 인식 능력까지 가리킵니다. 인식 작용이 있기 위해서는 인식 기관이 있어야 합니다.

⑥ **촉**(觸)

육입에 의하여 촉이 있습니다. 촉이란 '접촉한다', '충돌한다'는 뜻이 있습니다. 촉으로 인해 육근(六根)과 육경(六境)과 육식(六識)이 화합합니다. 즉 이 세 가지가 만나서 인식 작용이 일어납니다. 육경은 육근의 대상인 색(色, 형태와 빛깔), 성(聲, 소리), 향(香, 냄새), 미(味, 맛), 촉(觸, 감촉), 법(法, 인식 현상) 등입니다. 육식은 인식 작용으로 안식·이식·비식·설식·신식·의식을 말합니다.

⑦ **수**(受)

촉에 의하여 수가 있습니다. 수는 보통 감수작용(感受作用)으로 번역합니다. 촉에 의해 대상을 받아들임과 동시에 즐거움[낙수(樂受)]이나 괴로움[고수(苦受)], 그리고 괴롭지도 즐겁지도 않는 느낌[불고불락수(不苦不樂受)] 등 세 종류가 있습니다.

⑧ 애(愛)

수에 의하여 애가 있습니다. 애란 갈애(渴愛)로서 욕구를 말합니다. 세 가지 느낌 중에서 즐거움의 대상을 추구하는 맹목적인 욕심입니다. 따라서 불교에서는 애를 번뇌 가운데 가장 심한 것으로 보고, 수도(修道)에 커다란 장애가 된다고 봅니다. 무명은 지혜를 가로막는 장애요, 애는 마음을 염착시키는 대표적인 번뇌입니다.

⑨ 취(取)

애에 의하여 취가 있습니다. 취는 취득하여 병합하는 작용이 있습니다. 애에 의하여 추구된 대상을 완전히 자기 소유화합니다.

⑩ 유(有)

취에 의하여 유가 있습니다. 유란 생사(生死)하는 그 자체가 형성된 것이라고 볼 수 있습니다. 유에는 세 가지가 있으니, 삼계에 따른 욕유(欲有), 색유(色有), 무색유(無色有)입니다. 욕계(欲界), 색계(色界), 무색계(無色界)인 삼계는 생사의 테두리를 벗어나지 못하는 윤회의 세계입니다.

⑪ 생(生)

유에 의하여 생이 있습니다. 생은 말 그대로 '생한다'는 뜻입니다. 유라는 대상이 결정되기 때문에 유에 의해서 생이 있다고 합니다.

⑫ **노사**(老死)·**우비뇌고**(憂悲惱苦)

생에 의하여 노사 등 여러 가지 고가 있습니다. 즉 생사에서 비롯되는 근심[憂]과 슬픔[悲]과 번뇌[惱]와 괴로움[苦]이 있습니다. 이 생과 사는 단순히 육체적인 생사만이 아니라 자신이 나고 죽는다는 생각에서 오는 정신적인 괴로움도 포함됩니다.

위와 같이 12지분 하나하나를 살펴보면 모두 마음 작용과 관계됩니다. 이러한 12지분의 마음 작용이 서로 관계하여 일어남으로써 고통이 야기되고 이러한 마음 작용이 사라짐으로써 평온을 얻는다는 가르침이 십이연기의 내용입니다.

따라서 '이것이 있으므로 저것이 있다…'고 하는 연기법은 세상 만물 간의 관계성을 설명하기보다는 이처럼 미혹과 업으로 인해 마음 작용이 서로 관계하여 일어나는, 우리의 분별하는 마음을 끊으라는 가르침으로 보아야 합니다. 즉, '서로 관계'라는 말은 마음 작용 간의 관계를 말하며, 이러한 마음 작용과 더불어 마음 작용으로 펼쳐진 세상이 '일어난 것'입니다.

부처님께서는 세상은 마음 작용 간의 관계로 펼쳐지는 것이지 그냥 홀로 있는 것이 아니라는 점을 쉽게 이해시키고자 '갈대 다발의 비유'와 같은 설법을 하셨습니다. 따라서 사물과 사물의 관계는 비유이지, 본디 주장의 핵심이 아닙니다. 본디 주장의 핵심은 바로 마음 작용의 관계성입니다. 그렇다고 불교에서 사물과 사물의 관계성을 부정하는 것은 아닙니다. 핵심이 아니라는 말입니다. 즉 부처님께서는 내연기를 설명하고자 외연기를 비유로서 말씀하셨습니다.

　이처럼 부처님께서 말씀하시는 연기법은 마음 작용 간의 관계가 중심입니다. 따라서 연기법이라고 할 때는 당연히 마음 작용 간의 관계성이 중심이지만, 그 중심을 강조한다는 의미에서는 필자는 '마음의 연기법'이라는 표현을 사용합니다.

　이러한 마음의 연기법에 대해 부처님은 삼법인, 오온, 십이처, 십팔계, 십이연기, 사성제 등 다양한 방편으로 중생의 어리석음을 일깨워주셨습니다.

# 2

# 삼법인을 통한
# 연기법의 이해


## 1)
## 불법(佛法)의 인증 기준,
## 삼법인(三法印)

부처님 근본 교설 가운데 하나가 삼법인(三法印)입니다. '인(印)'이란 인증, 증명의 뜻입니다. 삼법인의 세 가지 도리에 의지하여 어떤 교설이나 이론을 인증한다는 뜻입니다. 어떤 교설이나 이론이 삼법인의 내용에 맞으면 부처님 가르침이고, 맞지 않으면 마구니의 가르침이라는 것입니다.

그런데 삼법인의 내용에 대해서 북방과 남방의 해석에 차이가 납니다. 여기서 북방이란 중국으로 거쳐 우리나라에 들어온 불교를 말합니다. 남방이란 스리랑카, 미얀마 등에서 전해 내려오는 불교를 말합니다. 남방에서 전해 내려오는 경전은 팔리어로 된 니까야 등이 있습니다. 북방에서 전해 내려오는 경전은 남방의 니까야에 해당하는 아함경을 비롯하여 여러 대승경전이 있습니다.

'삼법인'이라는 용어는 아함경이나 니까야에서는 보이지 않습니다. 또한 아함경이나 니까야에서는 '삼법인이 무엇이다'라는 부처님의 똑떨어진 말씀도 보이지 않습니다. 단지 니까야에는 "무상(無常)한 것은 괴로움[고(苦)]이다. 괴로운 것은 무아(無我)이다."라는 구절이 자주 등장합니다.

반면 『아함경』에는 "무상한 것은 괴로움이다. 괴로운 것은 무아이다."라는 구절뿐만 아니라 "무상하고, 괴로움이고, 무아이다. 모든 것을 멸하면 곧 열반이다."라는 구절과 "모든 행은 무상하고, 모든 행은 무아이며, 열반은 적정하다."라는 구절도 등장합니다.

그리고 북방으로 전해진 한역 율장인 『근본설일체유부비나야』 제9권을 보면, "모든 행은 모두 무상하고, 모든 법은 모두 무아이며 적정은 곧 열반이다. 이를 삼법인이라고 한다[諸行皆無常 諸法悉無我 寂靜卽涅槃 是名三法印]."라고 하신 부처님 말씀이 있습니다. 그리고 용수보살의 『대지도론』 제32권에서 "부처님께서는 세 가지 법을 법인이라 하셨다. 이른바 일체유위법무상인(一切有爲法無常印), 일체법무아인(一切法無我印), 열반적정인(涅槃寂靜印)"이라는 구절이 있습니다.

이에 남방에서는 '제행무상(諸行無常), 일체개고(一切皆苦), 제법무아(諸法無我)'를 삼법인으로 정리합니다. 반면, 북방에서는 '제행무상(諸行無常), 제법무아(諸法無我), 열반적정(涅槃寂靜)'의 삼법인으로 정리합니다. 일체개고 대신 열반적정을 넣는 이유에 대해, '무상'과 '무아'에 '고'의 내용이 이미 포함되어 있다는 등의 이유로 일체개고를 제외한다고 봅니다. 한편, 북방에서는 삼법인에 일체개고를 합쳐 사법인(四法印)이라고도 합니다.

지금부터 부처님 가르침의 인증 기준이 되는 삼법인을 통해 연기법을 마음 작용과 관련하여 여러 측면에서 이해해보고자 합니다.

## 2)
## 제행무상(諸行無常), 행(行)은
## 사물의 운동이 아니라 마음 작용

인생무상(人生無常)!

이 말에는 많은 의미와 감정이 중첩됩니다. 보통 긍정적인 면보다는 부정적인 면에서 이야기합니다. 허무감이 많이 묻어나는 말입니다.

이 말은 불교를 접한 사람에게는 제행무상(諸行無常)을 떠오르게 합니다. 제행무상은, 부처님의 근본 가르침인 삼법인(三法印) 가운데 하나입니다. 따라서 불자들은 이 말을 많이 들었습니다. 반대로 제행무상이라는 말을 처음 듣는 사람은 이 말을 '인생무상'에서 오는 허무감과 같은 의미로 느낄 수도 있습니다. 그러면 불자들은 말합니다. "제행무상은 인생무상처럼 허무감을 던져주는 말이 아니라 이 세상의 모습을 말한다. 변화하는 이 세상의 모습을!"

보통 제행무상을 이해시키고자 다음과 같이 쉽게 설명합니다. "자, 봐라. 겨울이 가면 봄이 온다. 해가 뜨면 해가 진다. 어린 이는 청년이 되고, 곧 노년이 된다. 어느 것 하나 항상한 것은 없다. 모든 것은 다 변화한다. 무상이다. 이 무상을 가장 잘 가리키는 말이 행(行)이다. 그래서 제행무상이다."

여기서는 행(行)의 의미를 사물의 변화, 운동, 움직임으로 이해하고 있습니다. 세상 모든 것은 변화, 운동한다는 측면에서 '세상 모든 것'을 '제행'이라는 말로 대신합니다. 세상 모든 것은 그렇게 변화, 운동하는 것이니, 항상한 것이 아니라고 합니다. 이렇게 말하는 저변에는 "세상은 이처럼 변화하는 것이니, 무엇을 붙잡아 두려고 하지 마라. 붙잡아 두려고 하니, 괴롭지 않은가!" 참으로 쉽게 와 닿는 설명입니다. 이렇게 설명해도 결국 우리 마음으로 돌아갑니다.

그런데 제행무상의 의미는 여기서 그치지 않습니다. 대승의 『대반열반경』 제13권의 게송을 보면 '제행무상'의 의미가 새롭게 다가옵니다. 이는 설산동자와 관련된 게송입니다.

제행무상(諸行無常)  모든 행은 항상함이 없으니
시생멸법(是生滅法)  이는 났다가는 사라지는 법이라.

생멸멸이(生滅滅已)  나고 사라짐이 사라지면
적멸위락(寂滅爲樂)  고요함을 즐거움으로 삼네.

『대반열반경』 제13권

앞서 제행무상을 '세상의 모든 것은 변한다'는 뜻으로, '행'을 세상 모든 것의 '운동', '변화'로 쉽게 설명하였습니다. '제행무상(諸行無常) 시생멸법(是生滅法)'도 그렇게 이해할 수 있습니다. '세상의 모든 것은 항상한 것이 없다. 세상 모든 것은 모두 생겨났다 사라지는 것이다.' 여기서 행(行)은 바로 생멸(生滅)의 뜻을 가집니다.

그런데 문제가 있습니다. '제행무상(諸行無常) 시생멸법(是生滅法)'을 '세상의 모든 것은 항상한 것이 없다. 세상 모든 것은 모두 생겨났다 사라지는 것이다'는 뜻으로 이해한다면, 뒤 게송 '생멸멸이(生滅滅已)'는 어떻게 이해해야 할까요? '생겨났다 사라졌다 하는 것이 사라지면'은 무슨 뜻일까요?

앞에서 '행'을 세상 모든 것의 '운동', '변화'를 뜻하는 '생멸'로 이해하였습니다. 그렇다면 '생멸이 사라진다[生滅滅已]'는 말은 생멸 즉 운동, 변화가 사라진다는 말이 되니, 앞에서 예를 든 '겨울이 가고 봄이 온다'거나 '해가 뜨고 해가 진다'는 것은 어떻게 되는 것일까요? 지금 겨울이 그냥 멈춰버린다는 말일까요. 아침에 뜬 해가 그냥 중천에 멈춘다는 말일까요. 지금 이 청년의 나이로 쭉 간다는 말일까요. 설사 그렇게 되더라도, 계절이 멈추고 해가 중천에 있고 청년의 모습으로 쭉 가게 되면 '고요함(열반)을 즐거움으로 삼'게 될까요?

무엇인가 이상합니다. 열쇠는 행(行)에 있습니다. 행을 어떻게 이해하는가의 문제입니다. 여기서 행을 세상 사물의 운동, 변화가 아니라 분별하는 마음 작용으로 풀이해봅니다. 우리는 끊

39

임없이 분별하여 '이것이다' '저것이다' 하며 살아갑니다. 지금 내 앞에 펼쳐진 세상은 내 마음과 별도로 있는 세상 그 자체가 아니라 내 마음의 분별로 인해 나에게 드러난 세상입니다.

원효 스님(617~686)의 해골바가지 물에 대한 이야기를 떠올려 보면 이해가 쉽지 않을까 합니다. 똑같은 물이었는데 어두운 밤 목마를 때 먹었을 때는 왜 달콤하게 마셨고, 다음날 날이 밝아 해 골바가지에 담긴 물인 줄 알았을 때에는 왜 구역질을 해야 했을 까요? 마음의 분별 작용으로 해골바가지에 담긴 물은 더럽다는 분별이 일어났기 때문입니다.

생멸이란 단순하게 사물이 생겨나고 사라지는 것을 뜻하지 않습니다. 한 생각이 일어나는 것을 생(生)이라 하고, 한 생각이 사라지는 것을 멸(滅)이라고 합니다. 이러한 분별하는 마음 작용을 행(行)이라 하고 마음 작용에 의해 드러난 세상을 법(法)이라고 합니다. 드러난 세상인 법(法)의 무상함을 마음 작용인 행으로 나타낸 것이 제행무상입니다. 즉, 제행에서 행은 마음 작용입니다. 일체법무상 또는 제법무상이라고도 하지만 '법'이라는 용어보다는 '행'이라는 용어 자체에서 행위 또는 움직임이라는 의미로 무상의 뜻이 더 드러나기 때문에 보통 제행무상이라고 합니다.

따라서 '마음 작용으로 드러난 이 세상은 항상함이 없는 것이니[諸行無常], 이는 마음에 의해 생겨났다 사라졌다 하며 나에게 드러난 세상이라[是生滅法]. 이 생겨났다 사라졌다 하는 마음 작용이 일어나지 않으면[生滅滅已], 고요함(열반)을 즐거움으로 삼게 되는 것[寂滅爲樂]'입니다.

이처럼 '제행무상' 가르침은 세상 자체가 무상하다는 것에 중점이 있지 않습니다. 내 앞에 드러난 세상은 내 마음 작용으로 이해된 세상이기에 분별하는 내 마음 작용 따라 흘러간다는 뜻입니다. 배고플 때 맛있게 먹었던 자장면이 배부를 때는 고통이듯이.

### 3)
### 제법무아(諸法無我), 법(法)은
### 마음 작용으로 드러난 세상

달마!

이 말은 일반인도 많이 알고 있습니다. 그것은 '달마가 서쪽에서 온 까닭은?'이라는 화두의 주인공인 달마 스님 때문일 것입니다. 한때 달마도가 세상에 회자된 적도 있었습니다. 사찰에서 예불할 때 외우는 예불문 가운데 '달마야중'이 있는데, 여기에서 '달마'를 달마 스님으로 잘못 알고 있는 이도 있습니다.

달마, 이는 범어 '다르마(dharma)'를 한자로 음역한 것입니다. 팔리어로는 '담마(dhamma)'라고 합니다. 의역하면 '법(法)'입니다. 그러면 이러한 달마(법)는 무엇을 말할까요?

달마(법)는 크게 두 가지 의미로 사용됩니다. 하나는 '부처님 가르침'을 뜻합니다. 예불문의 '달마야중'에서 '달마'가 이것입니다. 이 '달마'는 불법승 삼보 가운데 법보를 말합니다. '자등명법등명(自燈明法燈明, 자신을 등불로 삼고 가르침을 등불로 삼아라)'에서 '법'입니다. 다른 하나는 삼법인 가운데 제법무아(諸法無我)에 해당하는 '법(法)'입니다. 지금 이야기의 주제는 바로 후자의 법입니다. 그러면 '제법무아'에서 '법'은 무엇을 말할까요?

보통 '법'을 '세상만물', '사물', '존재'로 풀이하며 대중들에게 쉽게 접근하고자 합니다. 그러면서 '제법무아'에 대해 예를 들면서 그 사물에 사물이라는 할 자성(自性)이 없다고 설명합니다. "이 볼펜은 볼펜 뚜껑, 볼펜 대, 볼펜 심, 스프링 등 여러 가지 요소가 모여서 만들어진 것이기 때문에 볼펜이라고 할 것이 없다." "물도 산소와 수소가 결합하여 만들어졌기 때문에 물이라고 할 고정된 자성이 없다. 제법무아에서 '아(我)'는 자성(自性)을 말한다." 등등.

여기서는 '법'을 '세상만물', '사물', '존재' 등이라고 할 때, '세상만물 그 자체', '사물 그 자체' 등으로 이해하는 듯합니다. 이 역시 '무아'의 측면을 강조할 수 있는 예로써는 유효할 수 있습니다. 그런데 만약 법을 '세상만물(그 자체)' 등의 개념으로 이해한다면, '일체유심조'나 '만법유식'의 가르침은 '마음이 세상만물(그 자체)을 만든다'는 뜻이 됩니다. 즉, '마음이 실제 산이나 강이나 바다를 만든다'는 뜻이 됩니다.

이 뜻이 옳다 그르다를 떠나 이렇게 이해하는 분은 거의 없을 것으로 생각됩니다. 하지만 '법'이라는 용어를 '세상만물(그 자체)', '사물(그 자체)' 등으로 이해하면서, '일체유심조', '만법유식' 등의 가르침이 '마음이 산 그 자체, 강 그 자체를 만든다'는 뜻은 아니라고 한다면 스스로 사고에 모순이 있지 않은가 합니다.

그렇다면 이러한 법을 어떻게 이해해야 할까요? 우선 예를 들어보겠습니다. 필자가 고등학생 때 일입니다. 더운 여름날 친구 집에 놀러가 세수를 하고 눈에 보이는 수건으로 얼굴을 닦았습니다. 장난꾸러기 친구는 그 광경을 지켜보다가 말했습니다. "얼굴 다 닦았나?" "응." "그거 걸레다." "….."

무슨 이야기를 하려고 하는지 감이 오십니까? 다른 예를 들어보겠습니다. 지금 앞에 찻잔이 있고 그 밑에 찻잔 받침대가 있습니다. 그런데 어느 날 그 받침대에 과일을 담아 왔습니다. 또 어느 날 보니 그 받침대를 재떨이로 사용하고 있습니다. 나중에는 조그마한 화분 받침대로 사용하고 있습니다.

하나의 사물이 여러 가지 모습으로 나에게 드러납니다. 이렇게 드러난 '수건', '걸레', '찻잔 받침대', '접시', '재떨이', '화분 받침대' 등이 바로 '법'입니다. '수건'이라고 하자니, '걸레'로 사용한다고 합니다. '찻잔 받침대'라고 하자니, '접시', '재떨이' 등으로 사용합니다. 하나의 사물에 그것이라고 할 고정된 이름이 없습니다. 그것이라고 할 고정된 자성이 없습니다. 고정된 자성이 있다면 결코 여러 이름으로 나에게 펼쳐질 수 없습니다. 수건은 수건이어야 하고, 걸레는 걸레여야 합니다. 그러나 그렇지 않습니다.

이렇듯 '제법무아'의 이치가 드러납니다. 덧붙여 언급하자면, 공(空)이란 아무 것도 없다는 뜻이 아닙니다. 바로 내 눈앞에 보이는 수건을 수건이라고 할 고정된 자성이 없다는 것입니다. 굳이 없다고 한다면 수건이라고 여기는 그 수건 자체는 없습니다.

수건으로 드러나게 하는 작용 또는 현상마저 없지는 않습니다. 마음 작용으로 이름 붙여진 수건은 있습니다. 단지 수건이라고 이름 붙여졌을 뿐 그 이름 너머에 그렇게 수건이 고정된 모습으로 있지 않습니다.

즉, 법은 '세상 그 자체'를 말하는 것이 아니라 여러 여건 속에 마음 작용을 따라 '나에게 드러난 세상'을 말합니다. 물론 그때 마음 작용도 법입니다. 법을 '현상', '인식 현상'이라는 철학용어로 이해하기도 합니다. '수건', '걸레', '찻잔 받침대', '접시' 등은 그 사물에 고정된 실체로 있는 것이 아닙니다. 주어진 여건에 의해 나와 관계 지어 일어납니다. 즉, 마음 작용으로 연기(緣起)된 것이지 그 사물 자체에 '수건', '찻잔 받침대' 등의 고정된 실체는 없습니다. 그런데 우리는 그때그때 규정되고 이해된 것을 밖에 실제로 고정된 그것으로 있다고 생각합니다. 이것이 바로 『반야심경』에서 말하는 '전도몽상(顚倒夢想)'입니다. 마음 안에 펼쳐진 세상인데, 그것이 마음 밖에 별도로 있다고 하니, 이는 꿈을 생시로 여기는 것과 같은 전도된 생각입니다.

참고로, '법'에 대한 전문적인 정의는, 법(法)은 궤지(軌持), 또는 임지자성(任持自性) 궤생물해(軌生物解)의 뜻으로 나타냅니다. 이말을 풀이하면, 법은 자성을 보존하고 (그 자성을) 본보기[궤범(軌範)]로 하여 그 사물(법)에 대한 이해를 내게 합니다. 다시 풀이하면, 법이란 '그것이라고 할 수 있는 어떤 특성(자성)'을 가지고 있어서 그 특성을 통해 우리는 '그것이 무엇이라는 것'을 압니다. 예를 들면, 컵은 가운데 텅 빈 공간이 있어서 그 안에 물 등을 담아 마실 수 있다는 특성이 있습니다. 그러한 특성을 통해 우리는 그것이 컵이라는 것을 압니다.

그런데 그 특성은 저 밖에 홀로 있는 것이 아니라 인연화합으로 우리 앞에 드러납니다. 그런데 우리는 저 밖에 그렇게 있다고 봅니다. '인연화합으로 우리 앞에 드러난 것'마저 전혀 없다고 보지 않습니다. 인연화합으로 있습니다. 그러나 '저 밖에 그렇게 있다고 보는 것'은 없습니다. 저 밖에 그렇게 실제 있다고 보는 것은 전적으로 착각입니다.


## 4)
## 일체개고(一切皆苦),
## 모든 것은 고(苦)다?

힘든 일이 있을 때, 우리는 '맞아! 인생은 고(苦)야'라고 말하게 됩니다.

고(苦)!

보통 세상을 보는 불교의 관점 가운데 하나가 고(苦)입니다. 일체개고(一切皆苦), '모든 것은 괴로움'이라고 합니다. 부정적이고 숙명적인 느낌이 납니다. 그런데 불자들은 일체개고의 가르침이 부정적이거나 숙명적인 가르침은 아니라고 합니다. 세상을 바로 본 관점이라고 합니다. 그러면서 삼법인(三法印)과 관련된 이야기를 하게 됩니다.

"세상은 무상한 것이고[제행무상(諸行無常)] 나[자성(自性)]라고 할 것이 없기[제법무아(諸法無我)] 때문에 모든 것은 괴로운 것[일체개고(一切皆苦)]이다." 또는 "세상은 무상한 것이고 나라고 할 것이 없는데, 무명(無明), 즉 어리석음 때문에 모든 것이 항상 있다거나 나 또는 실체가 있다고 집착하기 때문에 괴로운 것이다." 또는 "세상은 무상한 것이고 무상한 것은 괴로운 것이고, 괴로운 것이기 때문에 나라고 할 것이 없다. 즉, 무상(無常), 고(苦), 무아(無我)이다." 그리고 이렇게 마무리하기도 합니다. "지혜가 없어 괴로운 것이지, 지혜를 얻으면 세상을 바로 보기 때문에 괴로울 것이 없어."

이러한 말을 들으면, 한편 와 닿으면서도 다른 한편 와 닿지 않는 부분도 있습니다. 바로 '세상'이라는 부분 때문에 여러 의문이 일어납니다.

여기서 세상을 나를 둘러싼 세상 그 자체라고 본다면, 과연 세상이 괴로운 것일까요? 만약 세상이 무상하기 때문에 괴로운 것이라고 한다면, 무상하지 않으면 괴롭지 않게 될까요? 지혜를 얻게 되면(깨닫게 되면) 괴로움이 없게 된다고 하는데, 깨닫게 되면 그때는 무상한 세상이 항상(恒常)하는 세상으로 바뀌게 되어 괴로움이 없게 되는 것일까요?

깨닫게 되더라도 변함없이 세상은 성주괴공(成住壞空)의 과정을 거칩니다. 지구는 돌고, 계절은 바뀝니다. 옆에 있는 사람도 결국 죽고, 옛날의 원수도 만날 수 있습니다. 깨닫게 되더라도 세상은 무상합니다. 세상이 무상하기 때문에 괴롭다고 한다면 깨달은 이가 사는 세상도 무상하니 깨달은 이도 괴로워야 합니다.

'제행'이나 '제법'을 단순하게 세상이라고 이해하여 부처님 말씀을 살펴보면 이러한 모순이 생깁니다.

만약 그런 것이 아니고, 세상은 무상하지만 지혜를 얻게 되면 세상이 무상하다는 것을 알게 되어 집착하는 마음이 없기 때문에 괴롭지 않다고 한다면, 세상이 무상하기 때문에 괴로운 것이 아니라 어리석고 집착하기 때문에 괴로운 것이 됩니다. 즉, 세상은 그렇게 흘러가는데, 그 세상을 보면서 이렇다 저렇다 헤아려 자신과 맞지 않기 때문에 괴롭다 하는 것입니다.

잠시 생각해보면, '세상 자체'는 괴로운 것도 즐거운 것도 아닌 하나의 사건일 뿐입니다. 그런데 나에 의해 분별된 세상을 실체화시키고 절대화시켜 놓고 또 그것을 이렇게 저렇게 분별하여 온갖 감정을 쏟아냅니다.

'제행', '제법', '일체'는 세상 자체를 말하는 것이 아닙니다. 계속 강조해온 바대로, '내 마음으로 이해한 세상'입니다. '제행(諸行)'은 내 마음으로 이해한 세상을 '마음 작용[행(行)]'의 측면에서 나타낸 것이고, '제법(諸法)'은 내 마음으로 이해한 세상을 '내 마음으로 이해한 세상[법(法)]'의 측면에서 나타낸 것입니다. 즉, '제행', '제법', '일체'는 모두 '내 마음'과 '내 마음으로 이해한 세상'을 말합니다.

또 어렵다고 할지 몰라, 예를 들어보겠습니다.

어느 불교대학 수업시간에 한 불자가 질문하였습니다. "선생님, 왜 기독교 믿는 나라는 잘살고, 불교 믿는 나라는 못삽니까?" 아마, 그 불자가 이 땅의 불교를 고민한 가운데 나온 질문일 것입니다. 누구나 한번쯤 가져 보았을 의문입니다. 그런데 그 강사는 이렇게 되물었습니다. "지금 질문하신 분이 생각하는 잘산다는 기준은 무엇입니까?" "….."

같이 생각해봅시다. 잘산다는 기준이 무엇인지. 필자는 가끔 업(業)이라는 용어를 선입견이라는 뜻으로 사용하기도 합니다. 우리는 자신이 살아온 과정 속에서 여러 가지 기준을 만듭니다. 그 기준을 가지고 다른 것에 적용시켜 판단합니다. 살아온 과정을 업(業)이라고 한다면, 그 업에 근거하여 만들어진 기준들이 선입견입니다. 사실 우리의 삶은 선입견 덩어리입니다. 그런데 선입견이라 생각하지 않고 자신의 기준이 바른 것인 양 모든 것에 적용합니다. 그 기준에 맞으면 좋은 것이고 그 기준에 맞지 않으면 나쁜 것입니다.

언젠가 중국 고산 지역 주민의 삶을 다룬 다큐멘터리를 텔레비전에서 보았습니다. 여인들이 모든 가정 일을 책임지는 마을이었습니다. 여인들은 나무 기둥을 등에 지고 높은 산을 오르기도 하고, 농사를 짓기도 합니다. 어쩌면 힘든 삶입니다. PD가 묻습니다. "희망이 뭡니까?" "오늘처럼 사는 겁니다." 그 여인의 눈은 너무도 맑았고, 얼굴에도 행복한 미소가 가득하였습니다.

마음이 괴롭기 때문에 중생이 괴롭고 마음이 깨끗하기에 중생이 깨끗하다.

『잡아함경』 제10권, 「무지경(無知經)」

48

# 5)
## 열반적정(涅槃寂靜),
## 열반은 죽음이 아니다

'열반'은 범어 니르바나(nirvāna)을 음역한 것으로, '불어서 꺼진', '불어서 없어진'이라는 뜻입니다. 그렇다면 불어서 꺼진, 혹은 없어진 것이 무엇일까요? 바로 탐욕과 성냄과 어리석음 등 번뇌의 불입니다.

즉, 열반이란 탐욕, 성냄, 어리석음 등 번뇌의 불을 불어서 끈 상태, 타오르는 번뇌의 불을 소멸시키고 깨달음의 지혜인 반야를 얻은 상태를 말합니다. 모든 번뇌가 사라진 상태는 참으로 고요하기에 열반적정이라고 합니다. 열반은 고요하기도 하지만 밝기도 합니다. 이를 적조(寂照)라고 합니다.

그런데 '열반'을 죽음으로 이해하는 사람이 간혹 있습니다. 스님이 목숨을 다할 때 보통 '열반하셨다'라고 들었기 때문인지도 모릅니다. 열반을 죽음으로 생각한 서양 학자도 있었습니다. 열반이 죽음 자체를 의미하는 것은 아니지만, 죽음과 관련된 부분이 있기 때문입니다. 가령, 부처님께서 45년 동안 가르침을 펴시고 구시나가라에서 돌아가실 때를 '열반'이라고 합니다. 만약 부처님의 죽음이 열반이라면 돌아가시기 이전의 부처님 삶은 어떻게 보아야 하겠습니까?

열반을 죽음으로 이해하는 데에는 유여의열반(有餘依涅槃)과 무여의열반(無餘依涅槃)의 구분 때문이라고 볼 수 있습니다. 보통 번뇌는 끊었지만 아직 육체는 있기 때문에 '나머지 의지할 것[여의(餘依)]'이 있다는 뜻에서 유여의열반이라고 하고, 이 몸마저 버렸을 때를 무여의열반이라고 풀이하기도 합니다. 이러한 풀이도 더 깊이 생각해야겠지만 보통 이때 육체의 유무가 부각됩니다. 회신멸지(灰身滅智)라는 말이 있습니다. 몸을 재로 만들고 생각을 멸한다는 뜻으로서 몸과 생각이 모두 사라진 이때를 무여의열반이라고 봅니다.

여기서 어떻게 생각하면, 마음을 강조하는 불교에서 육체란 열반, 즉 완전한 열반으로 가는 장애물로 오해할 수도 있습니다. 논리적 비약이라고 할지 모르겠습니다. 그러나 『잡아함경』 제29권(809경)을 보면 부처님 당시에도 그런 예가 있습니다. 탐욕과 집착을 다스리고자 '몸을 더럽다고 살펴보라'는 부정관(不淨觀)에 대한 가르침을 잘못 이해하여 목숨을 던져버린 제자가 있었습니다. 오늘날에도 죽음을 불교의 최종 목적지인 열반으로 보는 사람도 있습니다. 죽음이 열반이라면 이처럼 힘들게 수행할 필요가 뭐 있겠습니까? 특히 윤회를 믿지 않는 사람의 경우에는 더욱 그렇습니다.

그렇다면 어떻게 이해해야 할까요? 원효 스님의 『열반경종요』를 보면, 열반에 대한 여러 논사의 견해를 언급하는 가운데 '무여의열반은 몸이 사라진 후에 열반에 들어가는 것이 아니며, 일체 번뇌를 끊어 없애고 열반에 들어가는 것'이라고 합니다.

(문) 무여신계열반(無餘身界涅槃)이란 무엇인가?

(답) 아라한은 이미 사대(四大)의 모든 근(根)이 다하고 열반에 들어간다.

이 문장은 분명하지 않기 때문에 아래에 다시 묻는다.

(문) 이 글은 '몸의 모든 근과 각성(覺性)이 사라짐을 무여신계열반이라 이름한다'고 말하지 않아야 한다. '아라한은 모든 번뇌를 끊고 열반에 들어감을 무여신계열반이라 이름한다'고 해야 한다. 이와 같이 말하지 않은 이유는 무엇인가?

(답) 그것은 저 존자가 세속의 말에 의해 경문을 믿게 하고자 그렇게 말했을 뿐이다. 『잡아비담심론』에서도 그와 같이 말한다.

(문) 몸[身]과 생각[智]의 사라짐이 무슨 까닭에 열반이 아닌가?

원효 스님, 『열반경종요』

『열반경종요』에서는 마지막 질문에 대해 여러 부파의 견해를 통해 설명합니다. 복잡한 논리 전개라 여기에서는 인용하지 않겠습니다. 단지 몸이 사라지는 것이 무여의열반은 아니라는 견해를 보여주기 위해 필요한 부분만 인용하였습니다.

이렇게 유여의열반과 무여의열반이 육체의 유무로써 설명되지 않는다면 어떻게 이해해야 하겠습니까? 이 또한 여러 견해가 있을 수 있습니다만, 마음 작용으로 이해하고자 합니다.

마음 작용에 의해 온갖 분별과 괴로움이 일어납니다. 이 온갖 분별과 괴로움은 알음알이와 번뇌에 의해 반복해서 일어나게 됩니다. 알음알이와 번뇌가 사라지면 모든 분별과 괴로움은 일어나지 않게 됩니다. 그러나 중생들과 함께 하려면 말이 필요합니다. 다시 중생들에게 모습을 나타내야 합니다. 그런데 부처님은 늘 적정(寂靜)한 상태에서 중생들과 함께 하십니다. 늘 평온하고 늘 그 자리입니다. 마음의 동요가 없습니다. 분별이 사라진 상태, 고요하다는 말조차 끊어진 상태, 그러면서 모든 것이 밝게 드러나는 상태를 열반이라고 합니다.

'중생들과 함께 하고자 분별을 일으키고 말씀을 하는 순간'이 화신(化身)이라고 한다면, '분별이 사라진 상태, 고요하다는 말조차 끊어진 상태, 그러면서 모든 것이 밝게 드러나는 그 자리'는 바로 법신(法身)이라고 할 수 있습니다. 그런데 원효 스님의 『열반경종요』에 인용된 『금고경』 또는 『섭대승론석』(무착보살 지음, 세친보살 풀이) 제12권에 의하면, "화신은 유여의열반이고, 법신은 무여의열반이다."라고 합니다.

이러한 내용을 통해 다음과 같이 정리해봅니다. 분별없는 그 자리(법신)에 머문 것을 무여의열반이라 하고, 다시 중생들을 교화하기 위해 모습을 나타내고 분별을 일으키는 것(화신)을 유여의열반이라고 합니다. 죽음이나 육체의 유무가 중심이 아닙니다. 그렇다고 할 때, 석가모니 부처님께서 구시나가라에서 열반에 드셨다는 것은 육체를 버렸다는 의미보다는 다시 분별없는 그 자리에 드셨다는 뜻입니다.

일반적으로 스님께서 '열반하셨다', '입적(入寂)하셨다'라고 하는 것은 스님의 정진수행을 칭송함으로써 불자에게 신심과 발심을 심어주고자 하는 가르침이 아닌가 합니다.

# 3

# 인도 사상과 비교를 통한 연기법의 이해

## 1)
## 전변설(轉變說)과 적취설(積聚說), 그리고 연기법

이 땅에 오신 부처님의 가르침은 그 당시 사고(思考)에 있어서 엄청난 혁명이었습니다. 물론 그러한 사고의 혁명은 오늘날에도 요구됩니다. 부처님 가르침과 함께 하기는 하지만, 다양한 사상의 회오리 속에 우리의 사고도 요동치고 있기 때문입니다.

　부처님 당시 인도에 퍼져 있는 사상을 크게 전변설(轉變說)과 적취설(積聚說) 두 가지로 나눕니다. 이러한 내용은 여러 불교 관련 서적에서 언급하고 있습니다. 이 두 사상 역시 깊은 뜻이 있겠지만, 이 내용을 언급한 책의 서술 맥락에서 단순하게 이해하면 다음과 같습니다.

　전변설은 절대자가 있어 이 세상을 만든다는 견해입니다. 오늘날 하나님이 세상을 만들었다는 사고로 이해할 수 있습니다.

반면에 적취설은 절대자가 세상을 만든 것이 아니라 지·수·화·풍·고·락·생명 또는 지·수·화·풍·허공·득·실·고·락·생·사·영혼 등의 여러 요소들이 모여서 세상을 만든다는 견해입니다. 세상은 원소들이 모여서 이루어졌다는 오늘날 자연과학의 사고로 이해할 수 있습니다. 물론 여기에 정신적인 요소가 부가됩니다.

이 두 견해와 달리 부처님은 연기법을 말씀하십니다. 그런데 오늘날 보통 연기법을 상호관계성의 관점에서 이해합니다. '이것이 있으므로 저것이 있고, 이것이 일어나므로 저것이 일어난다. 이것이 없으므로 저것이 없고, 이것이 사라지므로 저것이 사라진다.' 필자가 계속 강조하지만, 굳이 연기법을 상호관계성이라고 이해한다면 무엇과 무엇의 상호관계성인지가 중요합니다.

앞의 전변설과 적취설도 한번 생각해보면, 그 속에도 상호관계성이 작용하고 있습니다. 절대자가 만들었지만, 그 만들어진 것 속에서도 상호관계성이 존재합니다. 가령 내가 탁자를 만들었다고 하면 탁자 다리의 상호관계성에 의해 탁자는 유지됩니다. 적취설의 경우도 마찬가지입니다. 지·수·화·풍으로 된 몸뚱이이지만, 어느 하나라도 어긋나면 몸에 병이 옵니다. 전변설로 된 세상이든 적취설로 된 세상이든 그 세상도 상호관계성 속에 있습니다.

이처럼 단지 상호관계성만으로는 전변설·적취설과 연기법에 대해 필자는 큰 차이를 발견할 수 없습니다. 부처님 당시 연기법이 사고의 혁명을 일으켰듯이, 오늘날 역시 연기법에 대한 이해에 사고의 전환이 필요합니다.

부처님께서는 연기법을 이해시키고자 사성제, 삼법인, 오온 등 다양한 가르침을 펼쳤습니다. '일체유심조(一切唯心造)', '만법유식(萬法唯識)' 역시 마찬가집니다. 따라서 연기법에 바탕을 둔 다양한 부처님 가르침은 앞서 언급한 전변설·적취설과 다른 가르침이어야 합니다. 그런데 부처님 가르침을 어떻게 이해하는가에 따라 어쩌면 우리는 부처님 가르침을 이야기하는 듯하지만 오히려 부처님께서 비판하셨던 사상으로 이해하고 있는 것은 아닌지 의구심이 들 때가 많습니다. 본인은 그렇지 않다고 생각하겠지만, 적취설로 이해하기 쉬운 가르침이 오온설이고, 전변설로 이해하기 쉬운 가르침이 일체유심조라는 가르침이 아닌가 합니다. 말하자면 오온설을 이야기하는 것 같은데 이야기하는 내용은 적취설과 다르지 않고, 일체유심조를 이야기하는 것 같은데 이야기하는 내용은 전변설과 다르지 않다는 의구심이 일어납니다.

## 2)
## 전변설(轉變說)과
## 일체유심조(一切唯心造)

우선 전변설과 대비하여 일체유심조의 가르침을 살펴보겠습니다.

'일체유심조(一切唯心造)'에 대해, 사람들은 보통 '마음먹기 나름이다'라고 이해합니다. 여기서 '마음먹기 나름이다'라는 말은 모호한 뜻을 지닙니다. '마음먹은 대로 세상이 만들어진다'는 뜻인지, '마음먹은 대로 상황이 변화한다'는 뜻인지, '상황이 어떻든 마음만 잘 다스리면 된다'는 뜻인지, 사실 그때그때 적용하는 기준이 다릅니다. 그렇지만 이 말을 할 때는 이 모든 것을 포함시켜 이야기합니다. 그런 가운데 마음을 다스리면, 깨달음을 얻게 되면, 우리가 모르는 세상이 새로 만들어지는, 열리는, 마음먹은 대로 세상을 바꿀 수 있는, 신비주의적 생각도 마음 한쪽에 간직합니다.

'일체유심조(一切唯心造)', '만법유식(萬法唯識)'은 글자 그대로 '모든 것은 오직 마음이 만든다', '모든 법은 오직 식(마음)이다'라고 풀이됩니다. 만약 '일체'나 '만법'을 '세상의 모든 것', '삼라만상', '모든 존재'라고 풀이한다면, '세상의 모든 것(삼라만상, 모든 존재)은 오직 마음이 만든다'가 됩니다. 이때 '세상의 모든 것', '삼라만상', '모든 존재'는 무엇을 말할까요? 실제 산이나 강이나 바다 등을 말하는 것이라면, 마음이 실제 강이나 바다를 만든다는 말이 됩니다. 이 경우, 신(神)의 자리에 마음이 들어갔을 뿐 '신(神)이 세상을 만드는 것(전변설)'것과 흡사한 말이 됩니다. 그렇다면 세상을 신이 만들면 틀린 말이 되고 마음이 만들면 맞는 말이 되는 것일까요?

분명히 부처님께서는 전변설과 달리 연기법을 말씀하셨습니다. 따라서 전변설과 일체유심조는 분명히 다른 내용입니다. 그런데 앞과 같이 이해하면 어느덧 같은 내용이 됩니다. 용어를 어떻게 이해하는가가 중요합니다. 같은 용어를 사용하더라도 다른 내용일 수 있고, 다른 용어를 사용하더라도 같은 내용일 수 있습니다. '모든 것[一切]', '마음', '만법(萬法)', '만든다'를 어떻게 이해하는가가 중요합니다.

연기법은 기존의 사상과 차별이 있기에 연기법을 어떻게 보는가가 중요한 실마리가 됩니다. 거듭 언급하지만, 필자는 연기법을 세상만물 간의 관계나, 사물과 사물 간의 관계로 보기보다는 마음 작용 간의 관계로 이해하고자 합니다. 세상을 내가 어떻게 보고 있는가에 대해 초점을 맞춥니다. 내가 보는 세상은 세상 그 자체가 아니라 내 마음이 만든(구성한) 세상입니다. 즉, 내가 대상(세상)을 보는 순간 먼저 알고 있었던 그 대상(세상)에 대한 내용이 함께 일어나 그 대상(세상)을 봅니다. 세상 그 자체를 보는 것이 아니라 마음으로 세상을 덧칠하여 봅니다.

예를 들면, 창 밖에서 개가 짖는데, 우리는 개가 '멍멍' 짖는다고 하지만, 미국인은 개가 '바우와우(bow-wow)' 짖는다고 합니다. 같은 개 짖는 소리인데, 우리는 다르게 받아들입니다. 실제 개가 어떻게 짖는지는 모릅니다. 사실 우리는 모르기보다는 그렇게 짖는다고 의심하지 않고 듣습니다. 우리는 그 개가 짖는 소리를 듣는 것이 아니라 우리가 생각하는 개 짖는 소리를 듣습니다[전도몽상(顚倒夢想)]. 즉, 내 마음이 내 마음을 봅니다. 보는 쪽도 내 마음이요, 보이는 쪽도 내 마음으로 드러납니다. '멍멍' 개 짖는 소리는 실제 개가 짖는 소리가 아니라 내 마음이 개가 짖는 순간 덧칠한 소리입니다.

다른 예로, 같은 산(山)을 보더라도 보는 사람마다 같은 산으로 다가오지는 않습니다. 가령 돌산의 경우, 숯을 파는 사람과 석재를 파는 사람에게 다르게 보입니다. '돼지 눈에는 돼지로 보이고, 부처님 눈에는 부처님으로 보인다'는 무학 대사와 조선의 태조 이성계의 일화를 떠올릴 필요가 있습니다. 즉, 내 마음이 내 마음을 봅니다.

이렇게 내 마음이 만든 세상을 내 마음이 보는 것을 설명한 것이 연기법입니다. 따라서 (12연기에 따르면) 우리가 세상을 봄에는 무명(어리석음)과 업(이전 마음 작용으로 습득된 정보나 선입견 등)과 그리고 여러 가지 마음 작용이 서로 연관되어 일어나 세상을 세상 그대로 보는 것이 아니라 왜곡되게 봅니다.

이때 마음 작용과 그 드러난 것이 법(法)입니다. 즉, 법(法)은 막연한 '우주 만물', '삼라만상', '일체 존재'라기보다는 마음 작용으로 드러난, 내 마음 앞에 펼쳐진, 나에게 파악된 인식 현상입니다. '일체유심조', '만법유식'도 마음 작용으로 인해 인식된 현상들이 드러난다는 뜻입니다. 원효 스님이 처한 상황의 마음 작용에 따라 해골 물이 맛있는 물로 여겨졌습니다.

그렇다면 우리가 '멍멍'으로 듣기 전 개 짖는 소리나, 원효 스님이 맛있는 물로 여겼던 해골 물은 어떻게 되겠습니까? 이 또한 마음이 만든다고 보는 불교사상이 있습니다. 대승불교가 그렇습니다. 대승불교가 (부파불교를 비롯하여) 여타의 사상과 다른 점은 바로 이 점입니다.

'마음이 곧 일체를 포함한다'고 말하는 것은 대승법이 소승법과 다름을 나타낸다. 참으로 이 마음이 모든 법을 포함하므로 모든 법 자체는 오직 하나의 마음이다. 일체 모든 법은 각각 자체가 있다고 주장하는 소승과 같지 않다.

원효 스님,『대승기신론소』

대승불교에서는 이 세상 모든 것은 다 마음이 만들었다고 합니다. '멍멍'이라는 개 짖는 소리도, 멍멍이라고 듣기 전 '개 짖는 소리'도 모두 마음이 만든다고 봅니다. 이 또한 마음 작용의 관계에서 펼쳐집니다. 그리고 만들어진 이 모든 것은 마음 밖에 별도로 있는 것이 아니라 모두 마음 안에 펼쳐진 현상입니다. 꿈속에 펼쳐진 세계가 꿈 밖에 별도로 있는 것이 아니라 꿈속에 있는 것처럼 말입니다. 이러한 사고에 대해 단순하게 단정하여 옳으니 그르니 판단하지 마시길 바랍니다. 졸저『유식불교의 이해』(불광출판사, 2012) 일독을 권합니다.

전변설의 경우 신이 만든 세상이 우리 밖에 있다고 한다면 혹은 신이 만든 세상이 신 밖에 있다고 한다면, 일체유심조의 경우에는 마음이 만든 세상은 마음 밖에 있는 것이 아니라 마음 안에 있습니다. 마음 밖에 무엇이 있다고 보는가 아닌가가 전변설과 일체유심조의 가장 큰 차이입니다. 마음 밖 어떤 실체의 존재를 어떻게 보는가가 대승불교의 가르침과 함께 하는가 아닌가 하는 기준입니다. 앞서 언급한 원효 스님의『대승기신론소』의 말씀이 바로 대승법의 특징을 결정짓는 한 구절입니다.

# 3)
## 적취설(積聚說)과
## 오온설(五蘊說)

### (1)
### 나와 세상을 구성하는 오온

'색즉시공 공즉시색'은 많이 알려진 경전 구절입니다. 『반야심경』에 있는 이 구절은 그 뒤로 '수상행식 역부여시'가 이어집니다. 여기서 색(色)·수(受)·상(想)·행(行)·식(識) 다섯을 오온(五蘊)이라고 합니다. 보통 신역(新譯)에서는 오온으로, 구역(舊譯)에서는 오음(五陰)으로 번역합니다. 참고로 당나라 현장 스님(600~664) 이후의 번역을 신역(新譯), 그 이전의 번역을 구역(舊譯)이라고 합니다.

오온은 세간(世間), 일체(一切) 또는 제법(諸法)의 구성에 대한 부처님 교설 가운데 하나입니다. 이 역시 부처님의 근본 가르침인 연기법을 설명하는 또 하나의 부처님 교설입니다. '온(蘊)'은 범어 '스칸다(skandha)', 팔리어 '칸다(khandha)'로 덩어리, 모임, 나무의 가지, 어깨, 구성요소 등을 의미합니다. 이에 '온'을 흔히 '쌓임[聚]'의 뜻으로 번역하지만 '근간적인 부분'이라는 뜻으로 보기도 하고, '큰 덩어리'의 의미로 보기도 합니다. 따라서 세간, 일체 또는 제법은 '근간적인 부분'인 색온·수온·상온·행온·식온의 '큰 덩어리'가 '쌓여서' 이루어졌다고 정리됩니다. 이러한 오온을 어떻게 이해하는가가 참 중요합니다.

우선 색수상행식 각각에 대해 간단하게 그 뜻만 살펴보겠습니다.

① **색온**(色蘊)

지(地), 수(水), 화(火), 풍(風)의 사대(四大)와 사대로 이루어진 것을 말합니다. 이 부분이 논의의 핵심 부분이라 우선 이 정도로 정리하고 넘어갑니다.

② **수온**(受蘊)

대상의 의미를 받아들이는 마음 작용을 말합니다. 보통 감수 작용이라고 번역합니다. 받아들이는 순간 그 대상에 따라 괴롭다고 받아들이거나[고수(苦受)] 즐겁다고 받아들이거나[낙수(樂受)] 괴롭지도 즐겁지도 않다고 받아들입니다[불고불락수(不苦不樂受)].

③ **상온**(想蘊)

받아들인 대상의 의미에서 모양을 취하여 표상(表象, 相)을 종합하고 통일하는 마음 작용입니다. 일반적으로 표상 작용 또는 통각 작용이라고 번역합니다.

④ **행온**(行蘊)

상온에 의해 종합된 표상에 대해 의미를 부여하고 구체적인 대상을 조작하는 마음 작용입니다. 일반적으로 의지 작용 또는 구성 작용이라 번역합니다. 행온에는 여러 마음 작용이 포함됩니다. 그 가운데 대표적인 것이 사(思)입니다. 경전을 보면, 사(思)에 대한 설명으로써 행온에 대한 설명을 대치합니다. 사(思)는 마음으로 하여금 조작하게 하는 기능을 합니다.

⑤ **식온**(識蘊)

분별, 인식, 판단 작용으로서 대상에 대하여 식별하는 마음 작용을 말합니다. 흔히 말하는 인식 작용입니다.

그런데 오온에 대해 다음과 같이 이야기하는 경우를 가끔 접하게 됩니다.

'색온은 물질에, 나머지 4온은 정신에 해당한다.' 그러므로 '인간존재는 물질과 정신의 두 부분으로 구성되었다.' 즉, '인간은 물질인 색온과 정신인 수·상·행·식 4온으로 되어 있다.' 이에 '오온은 인간존재를 설명하는 교설이다.' 또는 '세상은 오온으로 구성되어 있다. 인간과 같은 중생은 오온으로 구성되어 있고, 바위와 같은 무생물은 색온과 행온으로 구성되어 있다. 무생물은 정신이 없기에 물질인 색온으로 되어 있지만, 무생물도 변화하기 때문에 행온은 있다.'

'인간은 물질과 정신으로 되어 있다.' 맞는 말입니다. 그런데 '이 내용이 오온에 대한 부처님 가르침인가' 하는 의문이 남습니다. '인간이 물질이라는 요소와 정신이라는 요소로 이루어져 있다'고 한다면, 우선 부처님 가르침이라고 하기에는 너무도 시시

합니다. 누가 말할지도 모르겠습니다. '진리는 평범한 곳에 있다.' 그러나 이 격언은 여기에는 해당되지 않습니다. 무엇보다 이러한 이해는 부처님께서 비판하셨던 적취설과 같다는 생각을 떨칠 수가 없기 때문입니다.

앞에서 언급하였듯이 적취설이란 부처님 당시 신흥사문이 주장하는 내용입니다. 그들은 세상은 신에 의해 만들어진 것이 아니라 지·수·화·풍·고·락·생명 또는 지·수·화·풍·허공·득·실·고·락·생·사·영혼 등의 여러 요소들이 모여서 만들어진 것이라고 주장합니다. 이는 '지·수·화·풍인 물질과 고·락 또는 영혼인 정신이 모여서 인간과 세상을 만든다'라고 정리됩니다. 즉, '인간은 물질과 정신으로 되어 있다'라는 결론에 이릅니다. 앞서 이해한 오온설과 같은 결론입니다.

그러면 이렇게 말하는 이가 있을 것입니다. '오온설에서는 각각 온에 대해 자성을 인정하지 않지만, 적취설에서는 각각 요소의 자성을 인정하기 때문에 다르다.' 그렇다면 적취설에서 자성을 인정하지 않는다면 오온설과 같게 되는 것인가 하는 의문, 자성을 어떻게 볼 것인가 하는 문제가 남습니다. 또 누구는 말합니다. '오온설은 연기법으로 서로 관계 지어진 것이지만, 적취설은 그렇지 않고 독자적으로 있다.' 그런데 적취설의 경우에도 '여러 요소들이 모여서'라는 말에 벌써 관계성을 담고 있다고 봅니다.

그렇다면 적취설과 오온설의 차이점을 어떻게 이해해야 할까요? 열쇠는 우선 색온을 어떻게 이해하는가에 있습니다. 색온을 '물질'로만 이해하는 이상 '적취설'의 사고를 벗어나기 힘들다고 봅니다. '물질'이란 말이 사전적인 의미든 일상적인 의미든 '정신'에 반영되지만 '정신'과 독립하여 밖에 있는 것으로 이해 되기에, '인간이나 세상이 오온으로 구성되었다'는 말은 '물질인 색온과 정신인 4온(수·상·행·식)으로 구성되었다'는 결론을 벗어날 수 없습니다.

이 색에 대해서는 통례상으로 '물질적 요소', '육체적 요소'라는 등의 해석이 내려지고 있다. 그러나 색의 어의에서 보아도 또한 경전 중의 오래된 부분을 살펴보아도, 이 해석에는 어떤 확실한 근거는 없다. 근거가 될 수 있는 것은 주석적인 작품에서 '일체사 대급사대조색 시명색(一切四大及四大造色 是名色)'이라는 주석이다.

와쓰지 데쓰로우(和辻哲郎) 저, 안승준 역, 『원시불교의 실천철학』, 불교시대사, 119쪽

그럼 누가 말합니다. '인용한 글에서도 색온은 지·수·화·풍 사대와 사대로 이루어진 것이라고 하지 않았느냐? 그것이 물질 이지 뭐냐?' 그런데 지·수·화·풍은 흙·물·불·바람 그 자체를 말 하는 것이 아닙니다. 각각 견고성(堅固性)·습윤성(濕潤性)·온난성(溫 暖性)·유동성(流動性)으로 풀이합니다(『구사론』 제1권). 지(地)는 흙 자 체를 말하는 것이 아니라 단단함의 정도를 말하고, 수(水)는 물 자체를 말하는 것이 아니라 축축함의 정도를 말하고, 화(火)는 불 자체를 말하는 것이 아니라 따뜻함의 정도를 말하고, 풍(風)은 바 람 자체를 말하는 것이 아니라 움직임의 정도를 말합니다. 즉 그

성질을 말합니다. 따라서 색온은 단순히 물질을 말하는 것이 아니라 대상에 대한 성질, 의미로 보는 사고의 전환이 필요합니다.

## (2)
### 색온은 과연 물질인가?

부처님 가르침을 가까이하기 힘든 이유 중 하나가 용어의 생소함입니다. 부처님 시대가 아닌 오늘날 우리 시대에 살고 있기에 이미 우리 사고는 우리 시대의 사고에 젖어 있으므로 더욱 힘듭니다. 따라서 어떤 언어로 되었든지 그 용어에 대한 개념 파악이 무엇보다 중요합니다.

그런데 사전에 있는 풀이로만 그 뜻을 제대로 알 수 없습니다. 무엇보다 사전에 있는 풀이는 벌써 오늘날 우리의 사고가 들어간 상태이기 때문에 조심스러운 접근이 필요합니다. 부처님 당시의 용어 쓰임과 지금 우리가 사용하는 용어 쓰임은 서로 다를 수 있기 때문입니다. 특히 석가모니 부처님께서는 일상 언어 속에 깊은 뜻을 부여하여 설법한 경우도 있습니다.

주제로 삼은 '색온'에서 '색'도 팔리어로는 '루빠(rūpa)'로서 사전에는 '물질, 형상, 모습' 등으로, '색온'은 '물질들의 집합'이라고 되어 있습니다. 대부분 불교서적에서도 색온을 '물질'로 풀이합니다. 사실 경전을 글자 그대로 보면 '물질'로 번역할 여지도 있습니다. 가령 경전에는 "모든 색은 사대(四大, 지·수·화·풍)와 사대로 이루어진 것[사대소조(四大所造)]"라고 하거나 또한 그 속성에 대해 '걸림[애(礙)]과 나눔[분(分)]' 등으로 설명합니다. 이러한 내용은 물질에 대한 뜻[물질이란 물체를 이루는 실질(實質), 자연계를 구성하는 요소의 하나로 공간의 일부를 점하고, 질량을 갖는 것]과 비슷한 점이 있습니다.

그러나 앞에서 언급하였지만, 색온을 물질로 수·상·행·식의 4온을 정신으로 풀이하여 '인간은 색온인 물질과 정신인 4온으로 되었다'고 한다면, 이는 '지·수·화·풍인 물질과 고·락 또는 영혼인 정신이 모여서 인간과 세상을 만든다'는 적취설과 다를 것이 없다고 하였습니다.

하여튼 '색온이 과연 물질인가'에 대한 의문은 필자만의 의문이 아닙니다. 우선 경전이 하나의 예가 될 수 있습니다.

만일 그것이 걸리고 나뉠 수 있는 것이라면 이것을 색수음(색음, 색온)이라고 한다. 또 걸리는 것으로써 손, 돌, 막대기, 칼, 추위, 더위, 목마름, 굶주림이나 혹은 모기나 등에의 모든 독한 벌레, 바람, 비에 부딪치는 것을 가리켜 그것을 부딪치는 걸림이라 한다.
『잡아함경』 제2권,「삼세음세경(三世陰世經)」

'목마름'이나 '굶주림' 같은 것을 물질이라고 할 수 없지 않습니까? 또 '루빠(rūpa)'가 다음과 같이 사용되는 예도 있습니다. 부처님 당시 외도 사상가들의 사고 가운데 이런 사고가 있습니다.

사후에 자아는 병들지 않고 상(想)과 함께 존재하는데, 루빠(rūpa) 를 가진다.

만약 루빠(rūpa)가 단순히 일반적인 물질이라면, 이런 사고를 할 수 없습니다. 루빠(rūpa)인 물질(육체?)은 죽은 뒤에 당연히 다른 세상으로 지속될 수 없습니다. 따라서 사후에 루빠(rūpa)를 가지 니 마니 하는 사고는 생각조차 할 수 없습니다. 그런데 그런 사고 를 했습니다.

따라서 여기서 루빠(rūpa)는 단순하게 일반적인 물질로 대치될 수 없습니다. 그래서 비록 '자아는 루빠(rūpa)를 가졌다'라고 표현 했지만, 자아는 일반적인 물질을 가졌다는 것이 아니라 색계 선 정의 대상에서 발생한 유사한 표상을 자아라고 집착하고서 '자아 는 루빠(rūpa)를 가졌다'라고 주장한다고 풀이합니다(신병삼,『초기불교 문헌의 기와 무기의 사유구조 연구』, 동국대학교 박사학위논문, 2010, 38쪽 참조).

풀이가 어렵지만, 중요한 것은 루빠(rūpa)가 우리가 생각하는 단순한 물질에 한정되지 않는다는 점입니다.

오늘날 이 땅의 전문학자들은 색온을 다른 어떤 언어로 표현 하기에 적당한 것이 떠오르지 않고 철학적인 사고의 깊이도 다양 하기에, '이건 아닌데, 이건 아닌데' 하면서 '색온'을 '물질'로 번 역하기도 하지만 그냥 '색온'이라고 사용해 왔습니다. 물론 어떤 경우는 어쩔 수 없이 과감하게 물질로 번역하기도 하였습니다.

이처럼 전문학자들이야 색온은 물질로만 번역될 수 있는 용 어는 아니라는 것을 여러 용례를 통해 나름대로 알면서도 할 수 없이 물질로 번역하는 경우가 있지만, 문제는 그렇게 번역된 용어를 접하는 일반인은 색온이 바로 물질이라고 받아들인다는 점입니다. 색온을 과연 어떻게 이해해야 할까요?

근래 몇몇 분들의 글이 색온에 대한 이해에 도움을 주고 있습니다.

> 지대(地大)는 땅(흙)의 본성으로서(땅 자체가 아니라) 단단함·거침·무거움 … 부드러움·매끄러움·가벼움 등도 포함됩니다. 수대(水大)는 물의 본성으로서 흐름·응집·접착·습함·침투 등의 특성을 지니며, 화대(火大)는 불의 본성으로 열기·따뜻함·차가움·기화·숙성·노쇠·소멸 등의 특성을 지닙니다. … 풍대(風大)는 바람의 본성으로 움직임·지탱·에너지·긴장 등의 특성을 지닙니다…….
> 아짠 마하 부와 강설, 김해양 역, 「4대 관찰은 실재 통찰의 지름길」, 『불광』, 2007년 12월호, 64쪽~65쪽

이는 『구사론』에서 지·수·화·풍 사대를 견고성(堅固性)·습윤성(濕潤性)·온난성(溫暖性)·유동성(流動性)으로 풀이하는 것과 동일한 관점입니다. 즉, 지·수·화·풍을 흙 그 자체, 물 그 자체, 불 그 자체, 바람 그 자체가 아니라 대상의 성질로 보고 있습니다. 그리고 사대와 '걸림과 나눔'에 대해 다음과 같은 해석도 있습니다.

> 4대가 물질이거나 물질적 요소 그 자체가 아니라 외부의 어떤 것이 우리 감각 기관에 부딪치고 와 닿을 때 만들어지는 개념,

곧 의식 작용이라는 붓다의 기본적 규정은 'rūpa'라는 용어를 통해서도 확인되고 있다. 'rūpa'는 빠알리어 'rūpati'에서 온 것인데, 이것은 '장애가 되는', '부딪치는', '부서지는' 등을 뜻한다. … 혀·몸·눈 등 감각 기관으로 어떤 물질이 와 닿는 것 같은 부딪치는 듯한 감촉되는 느낌, 그 느낌의 기억, 그 기억들이 쌓여서 '이것은 색이다. 물질이다'라는 허위의식이 생겨나는 것이다.

김재영, 「반야심경」『참여불교』, 2006년 10·11월호, 36쪽

여기서 4대 또는 색을 물질적 요소가 아니라 개념, 의식 작용, 의식의 산물로 보고 있습니다. 또 '걸림과 나눔'이라는 표현은 물질이 부딪친다거나 나뉜다는 뜻이 아님을 살펴볼 수 있습니다. 부처님 말씀은 일상 언어에 깊은 뜻을 담고 있는 경우가 많습니다. 인식이 일어날 때 대상 자체를 받아들이는 것이 아닙니다. 만약 대상 자체를 받아들인다면 눈은 그 대상 자체보다 커야 합니다. 인식이 일어날 때는 '어떤 물질이 와 닿는 것 같'이 인식하는 주체에 인식되는 대상의 의미가 부딪쳐 걸리고 나눠진다는 뜻입니다. 내 마음속에 가지고 있는 이러한 대상의 성질, 의미가 바로 색온입니다.

## (3)
## 오온은
## 다섯 가지 마음 작용

앞서 오온을 살펴보는 가운데 색온에 중점을 두었습니다. 색온
은 사대(四大)와 사대로 이루어진 것이라고 합니다. 그런데 사대
인 지수화풍(地水火風)을 흙·물·불·바람 그 자체로 풀이하지 않고,
견고성(堅固性)·습윤성(濕潤性)·온난성(溫暖性)·유동성(流動性)이라고
언급하는 경전과 논서 등을 통해서, 그리고 오늘날 연구물에 의
거하여 색온을 '물질'로 이해하기보다는 '대상의 성질, 의미'로
파악하였습니다.

즉, 색온은 물질을 말하는 것이 아니라 대상에 대한 성질입
니다. 그런데 이 대상에 대한 성질은 저 밖에 있는 것이 아니라
마음 안에 있습니다.

거듭 강조하지만, 연기법은 '바깥 대상과 대상 간의 관계성
이나 세상 자체가 어떻게 구성되어 있는가'에 중심이 있기보다
는 '마음 작용 간의 관계성이나 이 세상이 나에게 어떻게 구성되
어 이해되는가(나타나는가)'에 중심이 있습니다. 전자의 경우를 외
연기라 하였고, 후자의 경우를 내연기라 하였습니다. 오온설이
연기법을 설명하는 가르침 중 하나라고 할 때, 내연기의 관점에
서 오온을 다음과 같이 정리해봅니다.

오온이란 마음 작용을 다섯 가지로 나눈 것입니다. 색온(色蘊)
은 대상에 대한 성격, 의미로서 마음 작용을 통해 새롭게 받아들

여기기도 하지만, 과거 마음 작용에 의해 마음속에 들어 있습니다. 대상을 인식할 때 대상 사물 자체가 의식 속에 들어와서 그 대상을 파악하는 것은 아닙니다. 대상을 인식할 때 마음속에 있는 '대상에 대한 의미'가 드러나면서 그 대상에 대해 이렇게 저렇게 인식합니다. 왜 우리는 개가 '바우와우'가 아니라 '멍멍' 짖는다고 여깁니까? 마음속에 색온으로 그렇게 인식되어 있기 때문입니다. 수온(受蘊)은 이렇게 드러난 '대상에 대한 의미'를 받아들이는 감수 작용입니다. 상온(想蘊)은 받아들인 '대상에 대한 의미'에서 모양을 취하여 표상(表象, 相)을 종합하고 통일하는 통각 작용입니다. 행온(行蘊)은 상온에 의해 종합된 표상에 대해 언어를 통한 개념을 산출하여 대상에 대해 의미를 부여하고 구체적인 대상을 정립하는 구성 작용입니다. 식온(識蘊)은 우리가 흔히 말하는 인식 작용을 담당합니다. 무엇인가 대상에 대하여 구체적으로 종합적으로 사실 판단을 일으킵니다. 대상 그 자체를 인식하는 것이 아니라 색·수·상·행의 작용으로 구성된 대상을 인식합니다.

가령, 우리가 수건을 대할 때, 마음속에 간직된 수건에 대한 의미, 정보들(색온)이 드러나, 그 수건의 의미를 받아들입니다(수온). 그 받아들인 수건의 의미에 근거하여 그 수건을 이러이러한 모양이라고 종합하고 통일하는 작용(상온)을 그쳐, 그 수건에 여러 개념을 붙여서 이러한 수건이라는 것을 구성하게 됩니다(행온). 그리고 종합적으로 (식온에 의해) '수건이다' 또는 '내가 필요로 하는 수건이다'라고 판단하게 됩니다.

참고로, 오온이 동시에 일어나는지 순차적으로 일어나는지에 대한 논쟁은 옛날부터 있어왔습니다. 경전에는 '수·상·사를 함께 일으킨다[俱生受想思]'라고 되어 있습니다. 글자 그대로 보면 당연히 동시에 일어난다고 보아야 합니다. 그런데 '함께'라는 말이 반드시 '동시에'라는 뜻으로만 해석되지 않습니다. 아버지를 따라 바로 아들이 집에 들어왔을 때, 보통 우리는 '함께 오셨네요'라고 하지 '따로 오셨네요'라고 하지 않습니다. '함께'라는 말에는 끊임없이 연속이라는 뜻으로도 해석됩니다. 여하튼 동시에 일어난다고 하는 경우, 위에서 순차적으로 설명한 것은 시간적 순서가 아니라 논리적 순서입니다. 그리고 순차적으로 일어난다고 하는 경우, 워낙 찰나에 일어나는 작용이라 동시적으로 일어난 것처럼 우리 앞에 법이 펼쳐집니다.

따라서 내가 접하는 모든 것은 마음 작용인 오온에 의해 드러납니다. '인간은 오온으로 이루어져 있지만, 돌과 나무는 행온과 색온으로 이루어져 있다'가 아니라, 나와 내 앞에 있는 모든 것은 오온 작용으로 드러납니다. 그것이 인간이든, 돌이든 모두 오온으로 이루어져 드러납니다. 이때 마음 작용과 그 드러난 것을 법(法)이라고 합니다. 즉, 법(法)이라는 것이 막연한 '우주 만물', '삼라만상', '일체 존재'라기보다는 마음 작용으로 드러난, 내 마음 앞에 펼쳐진, 나에게 파악된 현상입니다. 이렇게 볼 때 오온은 세상 자체의 구성 요소가 아니라, 마음 작용을 기능면에서 분류한 것입니다.

역으로, 그렇다면 왜 부처님께서 법을 오온으로 설명하셨을까요? 우리는 무엇을 보거나 듣거나 느끼거나 알게 되면, 항상 '덩어리진 무엇'(법)으로 받아들입니다. 즉, 보통 우리는 '덩어리진 무엇'(법)이 있어서 내가 보고 듣고 느끼고 알게 된다고 생각합니다. 앞서 예를 들었던 수건을 보더라도, 우리는 수건이 저기 그렇게 있어서 우리가 보고 듣고 느끼고 알게 된다고 여깁니다. 너무도 당연하게 여깁니다. 그런데 그렇지 않다는 말입니다.

저 앞에 있는 수건은 그 자체로 있는 수건이 아니라 색온·수온·상온·행온·식온이라는 구성 작용에 의해 그렇게 나타났다는 말입니다. 만약 '수건에 대한 의미'가 아니라 (앞에서 언급한 '수건과 걸레 이야기'처럼) '걸레에 대한 의미'가 드러났다면 색온·수온·상온·행온·식온이라는 구성 작용에 의해 걸레로 드러납니다. 따라서 그것이라고 할 자성이 저 밖에 있는 '덩어리진 무엇'(법)에 있지 않습니다. 마음의 작용에 따라 그렇게 드러납니다. 이 내용이 바로 제법무아입니다. 인연화합으로 그렇게 드러날 뿐 그것이라고 할 자성이 없습니다. 연기된 법은 그것이라고 할 자성이 없습니다. 따라서 오온의 가르침 역시 '이러이러한 내가 있다'거나 '이러이러한 법이 있다'거나 하는 집착을 없애주고자 하신 말씀입니다.

앞에서 인간은 오온으로 구성된다고 이해하는 부분에 대해서는 이후 삼과설(三科說)을 설명하면서 자세히 살펴보겠습니다.

Ⅱ      **연기로**

           **펼쳐진**

           **세상**

- 유위법(有爲法)과
  무위법(無爲法)

- 유루법(有漏法)과
  무루법(無漏法)

- 삼과설(三科說)
  - 오온, 십이처, 십팔계

:

즉, 우리 앞에서 드러난 세상은

오온이라는 인식 작용을 통해서 드러나며,

혹은 육근과 육경을 근거로 드러나며,

혹은 육근과 육경과 육식을 통해서 드러납니다.

이렇듯 오온, 십이처, 십팔계는

우리 앞에 펼쳐진 세상[법(法)]이

세상 그 자체가 아니라

우리의 인식 작용에 의해

드러난 세상임을 일깨워주고자

다양한 측면에서 말씀하신 가르침으로서

우리로 하여금 분별 망상을 빨리 내려놓으라는 데

큰 뜻이 있습니다.

# 1

## 유위법(有爲法)과
## 무위법(無爲法)

### 1)
### 유위법(有爲法),
### 분별 작용으로 드러난 현상

일체유위법(一切有爲法)  모든 유위법은

여몽환포영(如夢幻泡影)  꿈, 환상, 거품, 그림자 같으며

여로역여전(如露亦如電)  이슬 같고 또한 번개와 같으니

응작여시관(應作如是觀)  응당 이와 같이 관하여라.

『금강경』

『금강경』 마지막 부분에 나오는 게송입니다. 이 게송에서 대부분 용어는 평소 사용하는 말입니다. 그러나 제일 중요한 주어인 '유위법'은 생소합니다. 따라서 유위법이 무슨 뜻인지 알아야 왜 '꿈, 환상, 거품, 그림자, 이슬, 번개'인지 이해가 됩니다.

유위법(有爲法)을 글자 그대로 '함이 있는 법'이라고 번역하기

도 합니다. 그런데 '함이 있는 법'이라는 번역 역시 와 닿지 않습니다. 보통 유위법을 '인간이 인위적으로 만든 존재'라고 풀이하기도 합니다. 이는 '무위자연(無爲自然)'이라는 용어와 함께 이해함으로써 인간의 조작이 진행된 것은 유위이고 그렇지 않은 것은 무위인 자연이라고 보기 때문이 아닌가 합니다. 또는 '운동', '변화', '무상'의 의미로 '끊임없이 변화하는 세상 모든 것'을 유위법으로 풀이하기도 합니다. 물론 그러한 풀이는 다음과 같은 경전 말씀에 근거한 것인지도 모릅니다.

이와 같은 두 가지 법은 이른바 유위와 무위이다. 유위라는 것은 혹은 생겨나고 혹은 머물고 혹은 다르게 되고 혹은 사라지는 것이다. 무위라는 것은 생겨나지 않고 머물지 않고 다르게 되지 않고 사라지지 않는 것이다.
如此二法 謂有爲無爲 有爲者 若生若住若異若滅 無爲者不生不住不異不滅
『잡아함경』제12권,「심심경(甚深經)」

정리해보자면, '유위법'을 '인간이 조작하여 만든 것'이나 '생주이멸하며 변화하는 세상 모든 것'으로 이해한다는 것입니다. 그런데 유위법을 이렇게 이해하면 『잡아함경』에서 정의한 '무위법'을 어떻게 이해해야 할지 자못 당혹스럽습니다.

첫 번째, '인간이 조작하여 만든 것'을 유위법이라고 한다면 인간이 조작하지 않은 '자연'은 무위법으로서 '생겨나지 않고 머물지 않고 다르게 되지 않고 사라지지 않는 것'이어야 하는데, 보통 '인간과 자연'이라고 할 때 그 자연은 결코 그렇지 않기 때문입니다. 인간이 조작하지 않은 자연 역시 생주이멸하기 때문입니다.

두 번째, '생주이멸하며 변화하는 세상 모든 것'을 유위법으로 이해한다면, 보통 '제행무상'을 세상 어느 것도 항상한 것은 없다고 이해하는데, '생겨나지 않고 머물지 않는 …' 무위법은 무엇이며, 어떻게 그러한 무위법이 있을 수 있겠습니까?

지금까지 설명한 내용이 어려울 수도 있습니다. 이는 연기법에 대한 이해가 다르기 때문이라고 봅니다. 거듭거듭 강조합니다. 이 글에서는 연기법을 바깥 대상과 바깥 대상의 관계성보다는 내가 세상을 어떻게 보고 있는가, 내 마음속에 왜 세상이 그렇게 드러나는가 하는 점에서 마음 작용과 마음 작용의 관계성에 중심을 둡니다.

앞에서 언급한 예를 다시 듭니다. 나는 수건으로 사용했는데, 친구는 걸레라고 하였습니다. 나는 찻잔 받침대라고 보았는데, 다른 이는 과일 담는 접시로 사용하고 있습니다. 원효 스님은 '달콤한 물'로 마셨는데, 다음날 보니 해골에 담긴 '구역질 나는 물'이었습니다.

이렇듯 내 앞에 펼쳐진 것은 바로 그 자체가 아니라 내 마음으로 조작하여 이해한 모습일 뿐입니다. 만약 그것이 바로 그것이라면, 수건은 항상 수건이어야 하고, 찻잔 받침대는 항상 찻잔 받침대여야 하고, 달콤한 물은 항상 달콤한 물이어야 합니다. 그런데 그렇지 않습니다. 지금 주어진 상황에 따라 나의 마음 작용에 의해 '수건'으로, '걸레'로, '찻잔 받침대'로, '접시'로, '달콤한 물'로, '구역질 나는 물'로, 그렇게 드러납니다.

즉, 지금 나에게 보이는 것은 그 자체가 아니라 마음의 분별 작용으로 드러난 현상일 뿐입니다. 이때 '마음의 분별 작용으로 드러난 현상'을 유위법이라고 합니다. 분별 작용으로 생겨나고 사라질 유위법이기에 '꿈과 같고 환상과 같아서' 그것이라고 할 자성이 없습니다. 단지 마음 작용으로 '이것이다' '저것이다' 분별하여 나타난 것일 뿐입니다. 그렇다고 앞에 있는 것을 전혀 없다고 할 수 없습니다. 상황에 따라 분별 작용에 의해 또 다시 나에게 드러나니 말입니다.

한편, 분별 망상이 끊어져 명명백백하게 있는 그대로를 무위법이라고 합니다. 『잡아함경』 제31권 「무위법경(無爲法經)」에서는 다음과 같이 무위법을 설명합니다.

무엇이 무위법인가? 이른바 탐욕을 영원히 다하고 성냄과 어리석음을 영원히 다하여 일체번뇌를 영원히 다한 것을 무위법이라고 하느니라.
云何無爲法 謂貪欲永盡 瞋恚愚癡永盡 一切煩惱永盡 是無爲法
『잡아함경』 제31권, 「무위법경(無爲法經)」

## 2)
## 무위법(無爲法)은
## 연기가 아니다

부처님의 가르침인 연기법은 위대한 가르침임에 틀림이 없습니다. 연기법은 이 세상의 모습을 정확하게 나타낸 부처님의 가르침입니다. 그렇다면 이 세상의 모습을 정확하게 나타낸 부처님 가르침인 연기법을 어떻게 생각하고 있습니까?

보통 세상은 모두 관계되어 있고, 그 관계성이 중요하기에 연기적인 사고를 강조합니다. 그러면서 불교의 위대성을 이야기합니다. 연기적인 사고를 하자는 말에는 모든 관계성을 고려하고 종합적으로 사고하자는 뜻이 포함되어 있습니다. 이런 말에는 연기에 대한 긍정적인 사고가 전제되어 있습니다. 단순하게 이야기하면 '연기는 좋은 것이다'라는 사고가 깔려 있습니다. 혹 어떤 이는 '연기에 좋고 나쁨이 어디 있는가?' 반문할 수도 있습니다. 여하튼 이러한 사고는 연기적 삶을 추구하자는 메시지를 던집니다.

여기서 잠깐 앞에서 언급한 "이와 같은 두 가지 법은 이른바 유위와 무위이다…"라는 경전 내용의 앞부분부터 다시 살펴보겠습니다. 그 경전의 내용을 보면, 부처님께서는 대중들에게 십이연기를 말씀하시는데, 대중들은 오히려 그 가르침을 듣고서 근심과 장애 등이 생겼다고 하면서 다음과 같이 말씀하십니다.

왜 그러한가(왜 근심 등이 생기는가?) 이는 지극히 깊은 경우이니, 이른바 연기이다. 몇 곱으로 다시 지극히 깊어 알기 힘든 것이 있으니, 이른바 모든 집착를 떠나고 애욕을 떠나고 탐욕이 없어 적멸한 열반이다. 이와 같은 두 가지 법은 이른바 유위와 무위이다. 유위는 혹은 생겨나고 혹은 머물고 혹은 다르게 되고 혹은 사라진다. 무위는 생겨나지 않고 머물지 않고 다르게 되지 않고 사라지지 않는다.

所以者何 此甚深處 所謂緣起 倍復甚深難見 所謂一切取離愛盡
無欲寂滅涅槃 如此二法 謂有爲無爲 有爲者 若生若住若異若滅
無爲者不生不住不異不滅

『잡아함경』 제12권, 「심심경(甚深經)」


이 경전의 내용은 연기법을 이해하는 데 매우 중요한 대목입니다.

부처님께서 십이연기를 말씀하셨는데 대중들은 오히려 근심 등이 생겼습니다. 그 이유를 말하는 대목에서, 지극히 어려운 것으로 '연기'라 하셨고, 이 연기보다 더 어려운 것이 '열반'이라고 하셨습니다. 즉 '연기'와 '열반' 두 가지 법을 구분하였습니다. 그리고 이어서 이와 같은 두 가지 법('연기'와 '열반')은 이른바 유위와 무위라고 말씀하셨습니다. 따라서 자연스럽게 연기는 유위이고 열반은 무위가 됩니다. 그리고 연기는 유위법으로 생주이멸(生住異滅)하지만, 열반은 무위법으로 불생부주불이불멸(不生不住不異不滅)합니다.

여기서 유위·무위와 관련하여 연기와 열반에 대해 다시 생각해봤으면 합니다.

불교에서 궁극적으로 추구하는 삶은 바로 열반입니다. 그런데 위에서 연기적 사고를 한다고 할 때 그 연기는 무엇입니까? 물론 말하는 맥락이 다르다고 생각합니다. 분명히 이 경전에서 말하는 의미의 연기는 아닐 것입니다. 그런데 연기적 사고 운운하는 경우, 그 밑바탕에는 사물과 사물 간의 관계성을 전제로 한다고 봅니다. 연기법에 대한 가르침을 사물과 사물 간의 관계성으로 이해하면 인용한 경전 말씀을 받아들이기 쉽지 않습니다. 불교에서 궁극적으로 추구하는 삶이 바로 열반이라고 할 때, 단순하게 말하면 인용한 경전 말씀은 연기의 삶을 내려놓고 열반에 머물라는 말씀이기 때문입니다. 만약 연기를 사물과 사물 간의 관계성으로 보고서 연기적 사고를 강조하는 경우에는, '연기의 삶을 내려놓고 열반에 머물라'라는 해석은 결코 받아들일 수 없습니다. '연기의 삶을 내려놓는다'는 말은 그 관계성을 끊으라는 말이 되고 연기적 사고를 오히려 하지 말라는 뜻이 되기 때문입니다. 물론 경전에서는 십이연기를 설명하는 가운데 연기와 열반을 말씀하셨기 때문에 이때 연기를 사물과 사물 간의 관계성으로 이해하지는 않았을 것입니다.

연기법에 대한 여러 견해가 있을 수 있겠지만, 최소한 연기는 인연생기(因緣生起)의 준말로서 '인연화합으로 일어난다'는 뜻입니다. 일어난 것은 사라지게 됩니다. 따라서 연기법은 유위법이고 항상함이 없습니다. 그래서 경전에서 연기인 유위법은 생주이멸한다고 하였습니다. 그렇다면 열반인 무위법은? 경전 말씀에 의하면, 열반인 무위법은 연기가 아닙니다. 이 경전 말씀은, 오늘날 '모든 것은 연기되어 있고, 연기가 아닌 것은 없다'고 생각하면서 연기법을 모든 사항에 적용시키는 이들에게 연기법에 대한 색다른 생각을 할 계기를 던져줍니다.

십이연기를 통해서, 또 오온 등 여러 가르침을 통해서 연기는 사물과 사물 간의 관계성보다는 마음 작용 간의 관계성이라고 강조하였습니다. 유위법인 연기가 이러하다면 경전에서 말하는 무위법은 이러한 마음의 분별 작용이 사라진 자리입니다. 그 자리가 바로 열반입니다.

그러나 불교에서 궁극적으로 추구하는 삶이 열반이라고 해서 무위에만 머무는 삶을 강조하지 않습니다. 불보살님께서는 중생과 함께 하기 위해서 마음의 분별 작용을 일으킵니다.

참고로 연기를 무위법이라고 보는 이들도 있습니다. 그런데 이때 연기는 생멸하는 현상으로서의 연기를 말하는 것이 아니고 연기의 가르침, 즉 진리로서의 연기성을 말합니다. 연기라는 진리가 법계에 상주하다는 의미에서 무위입니다.

# 2

# 유루법(有漏法)과
# 무루법(無漏法)

가끔 이런 생각을 해 볼 수 있습니다. 어리석은 범부가 보는 세상과 부처님이 보는 세상은 같을까요 다를까요? 같다면 범부와 부처님이 어떻게 차별되며, 다르다면 부처님은 세상을 어떻게 볼까요?

> 노승이 삼십 년 전 참선하기 전에는 산을 보면 산이었고 물을 보면 물이었다.
> 그 뒤 훌륭한 선지식을 만나게 되어 선정에 들어가 보니 산을 보아도 산이 아니었고 물을 보아도 물이 아니었다.
> 그러나 이제 진실로 깨달음을 얻고 나니 예전과 다름없이 산을 보면 단지 산이고 물을 보면 단지 물이다.
>
> 『속전등록(續傳燈錄)』제22권, 청원 유신(青原 惟信) 선사 게송

이 게송은 '산은 산이요 물은 물이다'라는 성철 스님(1912~1993)의 그 유명한 법어의 원조격입니다. 두 스님 말씀의 깊이를 제

대로 헤아릴 수는 없지만, 글의 전개를 위해 잠시 옮겨왔습니다.

게송을 보면, 범부와 깨달으신 분이 보는 세상이 같은 것 같으면서도 다른 것 같습니다. 범부는 '산을 보면 산이고 물을 보면 물'인데, 깨달으신 분은 '산을 보면 단지 산이고 물을 보면 단지 물'입니다. 다른 것은 '단지'라는 글자뿐입니다.

이 '단지'라는 글자가 주요 실마리입니다. 어리석은 이는 분별 망상으로 지금 보는 산이 실제 그렇게 있는 것으로 볼 뿐만 아니라, 온갖 마음 작용을 연이어 일으킵니다. '저 산에 누구랑 가면 좋겠는데', '저 산 너머에 고향이 있는데' 등등. 이렇게 저렇게 가만히 있는 산을 가지고 온갖 분별 망상을 일으켜 울고 웃고 즐거워하거나 괴로워합니다. 그런데 깨달으신 분은 산을 보면 단지 '산'일 뿐입니다.

앞에서 오온은 다섯 가지 마음 작용으로서 이 오온에 의해 세상이 드러나고, 유위법은 분별 작용으로 드러난 세상이라고 하였습니다. 이에 오온은 유위법에 해당됩니다. 그런데 깨달으신 분도 '단지' 산이라고 보기는 하지만 결국 분별 작용으로 산을 보게 됩니다. 따라서 깨달으신 분도 유위법인 오온의 작용이 있습니다. 만약 없다면 수많은 법문과 중생에 대한 자비심은 무엇이겠습니까? 그리고 산은 산이라고 해야 하고 물은 물이라고 해야 하는데, 분별이 없다면 이 세상을 어떻게 살겠습니까?

이에 중요한 교리 용어가 등장합니다. 그것은 바로 오온(五蘊)과 오취온[五取蘊, 구역에서는 오음(五陰)과 오수음(五受陰)]입니다. 어떤 곳에서는 오온으로, 어떤 곳에서는 오취온으로 거의 구별 없이 사용합니다. 그런데 오온에 욕탐이 있으면 오취온이라고 합니다.

오음이 곧 오수음인 것은 아니다. 또한 오음이 오수음과 다른 것
도 아니다. 능히 그것에 욕탐이 있으면 오수음이다.

『잡아함경』 제2권, 「음근경(陰根經)」

즉, 어리석은 이든 깨달으신 분이든 오온의 분별 작용으로
세상은 드러납니다. 그러나 어리석은 이는 욕탐(欲貪)이 함께 하
는 오취온으로써 세상이 내가 본 것처럼 있다고 두루 집착하여
온갖 망상을 연이어 일으키지만, 깨달으신 분은 무루(無漏)의 오
온으로써 단지 그렇게 볼 뿐입니다.

여기서 '루(漏)'는 마음 작용에 번뇌가 '새어 나오다'는 뜻으
로 결국 '번뇌'를 말합니다. 즉, 유루법은 마음 작용에 번뇌가 있
는 것을 말합니다. 참고로, 일체법을 유위법과 무위법으로 나누
기도 하지만, 유루법(有漏法)과 무루법(無漏法)으로 나누기도 합니
다. 무위법은 분별 망상이 끊어지고 명명백백하므로 무루법에
해당됩니다. 유위법은 분별 작용이 있는 것으로 유루법과 무루
법에 모두 해당됩니다. 이를 유위유루법과 유위무루법이라고 합
니다. 유위유루는 중생의 오온·오취온에, 유위무루는 깨달으신
분의 오온에 연결됩니다.

깨달으신 분은 중생을 위해 분별을 일으키지만(유위) 번뇌가
흘러내리지 않습니다(무루). 그러나 중생은 어리석음에 의해 분별
하는 가운데(유위) 늘 번뇌가 함께 합니다(유루). 따라서 깨달으신

분의 마음 작용은 유위무루에, 어리석은 위의 마음 작용은 유위유루에 해당됩니다.

물론 범부들도 번뇌가 함께 하지 않는 경우가 있습니다. 지극한 마음으로 기도하는 순간이나, 참된 마음으로 보시하는 그 순간 말입니다. 그러나 드러난 마음 작용을 볼 때에는 번뇌가 없지만, 마음 밑바닥에는 근본무명(根本無明)이 도도하게 함께 흐르고 있습니다. 예를 들면, 지금은 아무런 대가 없이 보시한 것 같지만, 어떤 순간 '내가 너에게 어떻게 했는데'라는 말이 뛰쳐나옵니다.

이러한 마음을 유루선(有漏善)이라고 합니다. 지금 행위는 선(善)이지만, 근본번뇌를 제거하지 않았기에 언제든지 번뇌로 새어 나올 수 있다는 뜻입니다. 강바닥에 흙먼지가 그대로 가라앉은 채 위로는 맑은 물이 흘러내리지만, 거센 물결이 일어나면 다시 흙탕물이 되는 것처럼, 지금 마음은 맑지만 마음 밑바닥에 있는 근본번뇌가 없어지지 않은 한 어느 순간 번뇌가 소용돌이치게 됩니다. '내가 얼마나 열심히 기도했는데'라고 본전 생각하는 것처럼.

따라서 마음 다스리는 이는 모름지기 유루선에 그치지 말고 근본번뇌를 없애야 하기에 하심하며 부지런히 정진하라는 말씀이 있는 것입니다. 그리하여 무위법 가운데 자비심으로 유위무루의 삶을 살고자 하는 바람이 보살의 발원이 아닌가 합니다.

# 3

# 삼과설(三科說)
# – 오온, 십이처, 십팔계

## 1)
## 연기된 세상에 대한
## 세 가지 교설

우리 앞에 세상이 펼쳐져 있습니다. 그런데 우리 앞에 펼쳐진 세상은 세상 그 자체가 아닙니다. 우리 앞에 세상이 펼쳐지는 순간 내 마음 작용에 의해 조작되고 만들어진 세상입니다. 나의 지난 삶에 의해 다시 새롭게 이해된 세상입니다. 즉, 세상 자체가 아니라 나에게 인식된 세상이며, 나의 마음 작용과 관계하여 펼쳐진 세상입니다.

　다른 가르침과 가장 구별되는 부처님의 근본 가르침은 바로 연기법이라고 하였습니다. 그리고 '이것이 있으므로 저것이 있다….'라는 구절 다음에는 십이연기가 설해진다는 등 여러 논증을 통해 연기법에서 관계성이란 세상 만물 간의 관계성을 설명하기보다는 마음 작용 간의 관계성을 설명한다는 사실을 확인하였습니다. 예를 들면, '물은 산소와 수소로 이루어졌다'거나, '사람이 있으니 자연이 있다'거나, '내가 있으니 네가 있다'는 의미의 사물 자체 간의 관계성이 아니라 '무명이 있으므로 행이 있고…' 등등을 통해 마음 작용 간의 관계성임을 살펴보았습니다.

한편, 불교에서 말하는 법이란 크게 두 가지가 있다고 하였습니다. 첫째는 '부처님의 가르침'을 말하고, 둘째는 '마음 작용에 의해 펼쳐진 세상(인식 현상)'을 말한다고 하였습니다. 따라서 연기법이라고 하면, 첫째는 '연기'에 대한 '부처님 가르침(법)'이라는 해석이 가능하고, 둘째는 '마음 작용 간의 관계로 생긴(연기)' '나에게 펼쳐진 세상(법)'이라는 해석이 가능합니다. 첫째 해석도 결국 둘째 해석에 대한 부처님 가르침이기에 똑같은 말입니다. '우리 앞에 펼쳐진 세상(법)'은 '마음 작용 간의 관계로 생겨난(연기)' 것입니다.

그런데 우리는 일상생활 속에서 결코 그렇게 생각하지 않습니다. 분별에 의해 나에게 펼쳐진 세상인데도 마음 밖에 그렇게 있다고 봅니다. 내 앞에 세상이 있어 나는 그 세상을 본다고 생각합니다. 내가 마음으로 만든 세상이라고 생각하지 않습니다. 벌써 이 순간에 자신과 세상에 대한 집착이 들어갑니다. 내 앞에 그렇게 있는 세상을 내가 본다고 생각하지 내가 세상을 그렇게 이해하여 받아들인다고 생각하지 않습니다. 그런데 세상은 내가 본 것처럼 그렇게 있지 않습니다. 개가 '멍멍' 짖는다고 여기지만 그 개 짖는 소리는 단지 내가 생각하는 개 짖는 소리일 뿐입니다. 미국인은 같은 개 짖는 소리를 '바우와우' 짖는다고 합니다.

우리는 영화를 보면서 화면 위에서 배우가 움직인다고 여깁니다. 그러나 영화는 필름 한 장씩 연속해서 돌아가는데 우리의 망막에 잔상이 남아 배우가 움직이는 것처럼 인식할 뿐입니다. 그 외 다양한 예는 앞서 언급한 글을 참조하길 바랍니다.

이러한 전도된 중생의 분별 망상을 일깨워주기 위해서 부처님께서 연기법을 말씀하셨습니다. 앞에 보이는 세상은 너의 분별로 일어난 것이지 결코 그렇게 있지 않다는 연기법에 대한 가르침을 다양한 말씀으로 자비를 베푸셨습니다. 그 가운데 오온, 십이처, 십팔계의 가르침이 있습니다. 이를 이후 논서에서 삼과설(三科說)이라고 합니다.

앞에서 살펴보았듯이 오온(五蘊)은 색온(色蘊), 수온(受蘊), 상온(想蘊), 행온(行蘊), 식온(識蘊)으로서 인식하는 과정을 다섯 단계로 나누어 설명한 것입니다. 이후 살펴보게 될 십이처(十二處)에서 육내입처[六內入處, 육근(六根)]는 안이비설신의(眼耳鼻舌身意)로서 인식 작용을 일으키는 감각 기관을 기능별로 나누어 놓은 것이고, 육외입처[六外入處, 육경(六境)]는 색성향미촉법(色聲香味觸法)으로서 인식을 일으키는 감각 기관에 드러나는 대상들을 분류한 것입니다. 십팔계(十八界)는 육근과 육경과 육식을 말합니다. 육식(六識)은 대상들을 인식하는 안식 내지 의식을 말합니다.

즉, 우리 앞에서 드러난 세상은 오온이라는 인식 작용을 통해서 드러나며, 혹은 육근과 육경을 근거로 드러나며, 혹은 육근과 육경과 육식을 통해서 드러납니다. 이렇듯 오온, 십이처, 십팔계는 우리 앞에 펼쳐진 세상[법(法)]이 세상 그 자체가 아니라 우

리의 인식 작용에 의해 드러난 세상임을 일깨워주고자 다양한
측면에서 말씀하신 가르침으로서 우리로 하여금 분별 망상을 빨
리 내려놓으라는 데 큰 뜻이 있습니다.

오온, 십이처, 십팔계를 별도로 설명하신 뜻에 대해 『구사론』
제1권에서는 다음과 같이 풀이합니다.

> 유정의 어리석음에 세 가지가 있으니, (부수적인) 마음 작용[심소(心
> 所)]에 어리석어 '아(我)'라 집착하니 (오온을 말씀하셨고,) 혹은 오직
> 색(色)에 어리석어 (십이처를 말씀하셨고,) 혹은 색(色)·심(心)에 어리
> 석어 (십팔계를 말씀하셨다.) 근기에 셋이 있으니, 이른바 뛰어난 근
> 기에게는 (오온을 말씀하셨고,) 중간 근기에게는 (십이처를 말씀하셨고,)
> 둔한 근기에게는 (십팔계를 말씀하셨다.) 좋아함에 세 가지가 있으니,
> 간략한 글을 좋아하는 이에게는 (오온을 말씀하셨고,) 중간 정도를
> 좋아하는 이에게는 (십이처를 말씀하셨고,) 자세한 글을 좋아하는 이
> 에게는 (십팔계를 말씀하셨다.)
>
> 『구사론』제1권

앞에서 적취설과 오온설을 비교하는 가운데 오온에 대한 설
명은 자세히 살펴보았습니다. 여기에서는 곧 십이처와 십팔계를
살펴본 뒤, 오온, 십이처, 십팔계의 관계에 대해 다시 살펴보겠습
니다.

## 2)
## 십이처(十二處),
## 나에게 펼쳐진 세상의 근거

### (1)
### '처(處)'는 마음이 생장하는 곳

우리는 세상 자체를 알려고 해도 세상 자체를 알 수가 없습니다. 왜냐하면 세상 자체를 알았다고 하는 순간, 그것은 세상 자체가 아니라 나에게 알려진 세상, 나에게 이해된 세상일 뿐입니다. 그런데 우리는 이렇게 펼쳐진 세상을 세상 자체라고 합니다. 그러면서 세상이 저렇게 생겼니, 이렇게 생겼니 하며 자기 주장을 이야기합니다.

　과학이라는 이름 아래 객관성을 담보하고 있다는 자연과학도 어떻게 보면 마찬가지입니다. 대상 자체를 관찰한다고는 하지만, 관찰하는 조건에 따른 영향도 무시할 수 없습니다. 가령, 양자역학에서는 전자의 위치와 속도를 동시에 관찰할 수 없다고 합니다. 전자의 위치를 관측하기 위해 전자에 빛을 쪼이면 쪼인 빛이 전자의 속도에 변화를 주고, 속도에 변화를 덜 주기 위해 에너지가 적은 긴 파장의 빛을 쪼이면 위치를 정밀하게 관찰할 수 없다고 합니다. 한편, 어떤 과학자는 '측정하는 순간 그 측정하는 도구에 영향을 받는다'고 합니다. 어떤 조건하에서 관찰이 이루어진다고 할 때, 이미 조건 지워진 상태에서의 그 무엇이지 그 무엇 자체는 아닙니다.

다시 말하면, 나에게 펼쳐진 세상은 세상 자체가 아니라 나에게 영향을 받은, 나의 분별로 펼쳐진 세상입니다. 즉, 나의 의식 안에 펼쳐진 세상입니다. 이를 불교에서는 법(法)이라고 합니다. 이러한 법이 펼쳐지는 근거로서 '십이처(十二處)'라는 가르침이 있습니다. 십이처 또한 연기법을 설명하고자 하는 부처님의 방편 교설 가운데 하나입니다.

"고타마시여, 일체(一切)라고 하는 것은 어떤 것을 말합니까?"
"일체란 것은 이른바 십이처(十二處)이다. 안(眼)과 색(色), 이(耳)와 성(聲), 비(鼻)와 향(香), 설(舌)과 미(味), 신(身)과 촉(觸), 의(意)와 법(法)이니 이것을 일체라 이름한다. 이것을 떠나 달리 일체가 있다고 주장한다 해도 그것은 단지 말뿐이어서 물어도 알지 못하고 의혹만 더할 뿐이다. 왜냐하면 그것은 경계가 아니기 때문이다."

『잡아함경』 제13경, 「일체경(一切經)」

이 경에서 묻고 있는 '일체'란 세상의 근원, 근거를 의미한다고 볼 수 있습니다. 부처님 당시 다른 가르침으로는 '브라만'이라거나 '사대(四大)', '일곱 가지 요소' 등이 있었습니다(이중표, 『아함의 중도체계』, 불광출판사, 131쪽 참조). 이에 대해 부처님께서는, 우리가 말할 수 있는 것은 세상 자체가 아니라 나에게 펼쳐진 세상이라는 관점에서, 말하자면 나에게 펼쳐진 세상이 어떻게 해서 지금 나에게 이렇게 펼쳐졌는가 하는 관점에서, 안이비설신의(眼耳鼻舌身意)와 색성향미촉법(色聲香味觸法)인 십이처를 말씀하십니다. 이 이외에는 결코 다른 것은 없다고 말씀하십니다.

생각해보면, 결코 우리가 인식할 수 없는 것은 말할 수 없습니다. 알 수도 없습니다. 말한다는 것, 안다는 것, 이미 그 순간, 그것이 무엇이던 인식된 그 무엇입니다. 따라서 안이비설신의[눈·귀·코·혀·몸·의(意)]인 '인식하는 주관'과 색성향미촉법(색깔과 형태·소리·냄새·맛·감촉·인식 현상)인 '인식되는 대상'을 떠나서 이야기할 수 있는 것은 없습니다. 우리에게 펼쳐진 것은 이러한 인식 주관과 인식 대상이 근거가 되어 마음 작용이 일어나 나타난 것입니다. 그 자체가 아닙니다. 이러한 설명은 십이처의 '처(āyatana)'라는 뜻에서 분명해집니다. '처(處)'는 '입(入)' 또는 '입처(入處)'라고 번역되는데, 이는 생장(生長)의 뜻이 있습니다.

심(心)·심소법(心所法)이 일어나고 자라나게 하는 문[생장문(生長門)]의 뜻, 이것이 바로 '처(處)'의 뜻이다. 즉, 이 말을 풀이하면 능히 심과 심소법을 일어나고 자라나게 하기 때문에 이를 일컬어 '처'라고 하였으니, 이는 심·심소법의 작용을 일어나고 자라나게 한다는 뜻이다.

『구사론』 제1권

참고로 심소법이란 주된 마음(심)에 수반되는 부수적인 마음을 말합니다. 예를 들면, 오온에서 수(受)·상(想)이나 행(行)의 일부분 등이 심소법입니다. 차후에 언급하겠습니다. 여하튼 심과 심소법의 작용을 일어나고 자라나게 한다는 말은 마음 작용을 일으키고 분별을 일으킨다는 뜻입니다. 이러한 십이처를 근거로 하여 마음 작용이 일어나 나에게 세상이 펼쳐집니다. 따라서 나에게 펼쳐진 세상은 세상 자체가 아니라 이러한 인식 근거로 마음 작용에 의해 드러난 세상입니다. 그러니 나에게 펼쳐진 세상은 나에게 보이는 것처럼 마음 밖에 참으로 그렇게 있지 않습니다. 마음 작용에 의해 펼쳐진 것[연기(緣起)된 것]이기에 공(空)이고 그 자성이 없는 것[무아(無我)]입니다.

한편, 안이비설신의를 내입처[內入處, 육내입처(六內入處)]라 이름하고, 색성향미촉법을 외입처[外入處, 육외입처(六外入處)]라고 이름합니다. 그리고 보통 육내입처를 인식 기관이라고 하는 '육근(六根)'에, 육외입처를 인식 대상이라고 하는 '육경(六境)'에 연결시킵니다. 이러한 십이처는 나에게 펼쳐진 세상의 근거이며, 이 세상이 어떻게 해서 이렇게 펼쳐지는가에 대한 인식 근거입니다.


### (2)
### 육근은 눈, 귀, 코 등 신체 기관인가?

마음 작용에 의해 세상은 나에게 펼쳐집니다. 마음 작용[식(識)]이 일어나기 위해서는 의지가 되는 것[소의(所依)]과 그것의 대상[소연

(所緣)]이 있어야 합니다. 의지가 되는 것은 십이처 가운데 내입처(內入處)로서 안이비설신의(眼耳鼻舌身意)를 말하고, 대상은 십이처 가운데 외입처로서 색성향미촉법(色聲香味觸法)을 말합니다.

　육내입처를 육근(六根)이라고 합니다. '근(根)'이란 '무엇을 일으킬 강한 능력'을 가집니다. 가령 안근(眼根) 등이 색경 등을 취하여 안식(眼識) 등이 일어납니다. 이에 내입처인 안입처[眼入處, 또는 안처(眼處)] 등을 안근 등이라고 합니다. 즉, 내입처는 색경 등을 취하여 안식 등 마음 작용을 일으킬 강한 능력을 가지고 있습니다. 육외입처를 육경(六境)이라고 합니다. 여기서 '경(境)'은 마음 작용의 대상이 된다는 의미입니다. 이에 외입처인 색입처[色入處, 또는 색처(色處)] 등을 색경 등이라고 합니다.

　한글 번역에서는 안이비설신의(眼耳鼻舌身意)를 '눈·귀·코·혀·몸·뜻[의(意)]'으로, 색성향미촉법(色聲香味觸法)을 '색깔과 모양·소리·냄새·맛·감촉·법' 등으로 풀이합니다. 물론 저마다 해석이 다릅니다. 특히 '의(意)'와 '색'과 '법'의 경우 해석이 매우 힘듭니다. 다소 어렵지만 이해를 위해 간단하게 언급합니다. 십이처에서 '의[의처(意處)]'는 의근(意根)으로 의식의 의지처입니다. 그래서 글자 그대로 '뜻'으로 번역하기에는 무리가 있습니다. '색[색처(色處)]'은 오온의 '색온'보다 좁은 범위로 눈에 대한 대상으로 '현색(顯色)과 형색(形色)'이라고 하기에 색깔과 모양으로 번역합니다. '법[법처(法處)]' 역시 보통 '제법' 또는 '일체법'에서의 법보다 좁은 범위로 의처(意處)와 관계되는 법입니다. 법처는 일체법에서 11처(안이비설신의, 색성향미촉)에 속하지 않는 모든 것입니다.

참고로, 이처럼 인식 현상(법)에 대해 하나하나 친밀하게 살펴보는 것을 '아비달마(阿毘達磨, abhidharma)'라고 합니다. '아비(阿毘, abhi)'는 '~에 대해' 또는 '뛰어난'이라는 뜻입니다. 달마(達磨, dharma)는 법(法)으로서 나에게 드러난 세상인 인식 현상을 말합니다. 이에 아비달마를 대법(對法) 또는 승법(勝法)이라고 번역합니다. 보통 아비달마불교를 현학적이라 비판하기도 하지만 부처님 가르침을 체계화시킨 공로도 있습니다. 아비달마불교의 대표격인 『아비달마구사론』이나 『아비달마대비바사론』 등을 보면 '이런 것까지 고민하셨나' 하는 내용이 있습니다. 가령 십이처의 순서가 그렇습니다.

'왜 육근의 순서가 안이비설신의이지?' 이런 고민까지 하셨고 여러 답을 제시하였습니다. 그 중에 하나가 흥미롭습니다. 바로 눈, 귀, 코, 혀 등 신체 구조상 위에 있는 것부터 순서로 잡았다는 것입니다. 신근은 대부분 눈, 귀, 코, 혀 아래쪽에 있기 때문에 그 다음으로 두었고, 의근은 일정한 장소가 없고 모든 근에 의지하기 때문에 마지막에 두었다는 것입니다. 한편 작용의 멀고 가까움 등을 중심으로 하였다는 것입니다. 가령 눈이 가장 멀리 보고, 그 다음 귀는 어느 정도 거리의 소리를 듣습니다. 그리고 코가 먼저 향기를 맡고 혀가 맛을 느끼게 됩니다(『구사론』 제1권 참조).

그런데 문제는 이러한 설명을 듣거나 또는 안이비설신을 눈·귀·코·혀·몸으로 해석하여 글자 그대로 받아들이면 안근 등을 신체 기관의 일부로 이해한다는 것입니다. '무슨 소리인가? 안이비설신이 신체가 아니라는 말인가?' 오히려 이렇게 반문할지도 모르겠습니다. 다음 글을 보면 우리는 부처님 가르침을 단순하게 이해하고 있다는 것이 드러납니다.

묻는다. 안(眼) 등의 오근처(五根處)는 힘줄, 뼈, 피, 살 등이 있는가? 답한다. 없다. 색근(色根)은 청정한 사대(四大)로 만들어졌기 때문이다.

『대비바사론』 제13권

아니, 안 등의 오근처에 힘줄, 뼈, 피, 살 등이 없다는 말이 무슨 소리인가? 즉, 오근은 우리가 보통 말하는 눈, 귀, 코 등이 아니라는 말입니다. 앞서 '근(根)'이란 '무엇을 일으킬 강한 능력'이라는 점을 상기할 필요가 있습니다. 안근이란 신체인 눈을 말하기보다는 안식을 일으키는 능력을 말합니다. 그렇다면 눈, 귀, 코는 무엇이란 말인가? 그것은 오근이 세상을 접할 수 있는 창문의 역할이라고 볼 수 있습니다. 오근이 몸의 일부인 눈, 귀, 코 등을 통해서 대상을 접하게 됩니다. 우리는 오근을 눈앞에서 바로 알 수 없습니다. 오식이 일어날 때 오식이 일어났다는 사실을 통해 오근이 있음을 견주어 알 뿐입니다.

마음의 흐름 속에 마음 작용(육식)을 일으킬 능력[공능(功能)]인 육근이 있습니다. 이러한 육근은 지난 세월의 업이 함께 하고 있습니다. 그리고 중생의 경우 마음 작용을 일으키는 순간 마음 저변에 탐진치 삼독이 함께 하기 때문에 늘 번뇌에 물들어 있습니다.

눈이 불타고 있다. 그 대상인 색(色)이 불타고 있다. 귀·코·혀·몸·의(意)가 불타고 있다. 그 대상인 소리·냄새·맛·감촉·법이 불타고 있다. 탐욕의 불에 의해, 성냄의 불에 의해, 어리석음의 불에 의해 불타고 있다.

『잡아함경』 제8권, 「시현경(示現經)」 발췌

그러므로 중생의 육내입처는 유루(有漏)의 성격을 띱니다. 물론 그 대상이 되는 육외입처 역시 마음 밖의 세상이 아니라 선입견으로 드러난 세상이기에 유루입니다. 다만 법처는 유루·무루에 통합니다. 법처에는 무위법인 열반이 포함되기 때문입니다(『구사론』 제2권 참조).

### (3)
### '눈·귀·코·혀·몸·뜻도 없다'는 뜻은?

눈과 귀와 코와 혀와 몸과 뜻도 없으며 빛과 소리와 냄새와 맛과 닿임과 법도 없으며
無眼耳鼻舌身意. 無色聲香味觸法
『반야심경』, 운허 스님 한글 번역

이 구절은 불자들이 독송하는 『반야심경』 가운데 십이처에 대한 내용입니다. '안이비설신의인 내입처가 없고, 색성향미촉법

인 외입처가 없다. 곧 십이처가 없다'는 말입니다. '눈과 귀와 코와 혀와 몸과 뜻도 없으며 빛과 소리와 냄새와 맛과 닿임과 법도 없다'는 말이 무슨 뜻인가?

여러 풀이가 있습니다. 그 중 하나는『반야심경』은 공(空)의 가르침을 나타내는 경전이기 때문에 '무안이비설신의 무색성향미촉법'은 십이처의 실체 없음, 자성 없음을 나타낸다고 봅니다. 그런데 그 자성 없음을 다음과 같이 풀이하기도 합니다.

"눈은 여러 가지 세포로 이루어져 있어 눈이라고 할 것이 없다. 앞에 보이는 저 볼펜도 볼펜이라고 할 것이 없다. 볼펜은 볼펜 대와 볼펜 심과 스프링 등으로 이루어져 있다. 그러므로 볼펜이라고 할 것이 없다. 나머지도 역시 그것이라고 할 것이 없다. 그래서 공이고 무자성이다."

이렇게 이야기할 경우, 어쩌면 쉽게 이해될 수 있습니다. 그러나 이러한 비유는 비유일 뿐입니다. 비유에 중심을 두게 되면 비유로써 나타내고자 한 가르침의 핵심을 제대로 드러내지 못할 수 있습니다. 만약 다음과 같은 이해를 바탕으로 비유한 경우라면 문제가 됩니다.

"나에게 눈이 있고, 내 앞에 볼펜이 있다. 내 눈으로 볼펜을 본다. 그런데 이 눈은 여러 세포로 되어 있기 때문에 눈이라고 할 것이 없다. 내 앞에 있는 저 볼펜은 여러 부속으로 이루어져 있기 때문에 볼펜이라고 할 것이 없다."

여기서 눈, 볼펜은 우리의 마음 작용과 관계하지 않아도 마음 밖에 별도로 있는 물질로 된 눈이고, 볼펜입니다. 만약 '관계하지 않은 것이 어디 있어, 삼라만상은 다 관계되어 있지'라고 말하더라도 '물질로 된 눈', '물질로 된 볼펜'이라는 점은 부정하지 않는다고 봅니다. 말하자면 안이비설신을 '물질로 된 눈과 귀 등'으로 보고, 색성향미촉을 '물질로 된 대상'으로 본다는 입장입니다.

사실, 자연스러운 사고입니다. 신체 기관인 눈으로 저 앞에 있는 볼펜을 보고, 신체 기관인 귀로 개 짖는 소리를 듣고, 신체 기관인 코로 청국장의 냄새를 맡고, 신체 기관인 혀로 살구의 맛을 느끼고, 신체 기관인 몸으로 사람의 손길을 느끼고(부딪치고), 마음으로 여러 모습을 생각합니다. 여러 세포로 되었든 어떻든 물질로 된 신체 기관이 있고, 여러 요소로 이루어졌든 어떻든 물질로 된 대상이 있어 보고 듣고 맡고 느끼고 부딪친다는 것입니다. 어떤 경우 이러한 사고 밑바탕에는 십이처는 육근인 인간과 육경인 세상이라는 이해가 깔려 있습니다.

이러한 자연스러운 사고로 그렇게 십이처를 이해한다면 다음 말씀은 어떻게 받아들이겠습니까?

그러므로 비구들이여, 그 입처(入處)를 마땅히 깨닫고 알아야 하나니, 만일 눈이 멸하면 빛깔이라는 생각이 곧 떠나고, 귀·코·혀·몸·뜻이 멸하면 법이라는 생각이 곧 떠나게 되느니라.
是故 比丘 於彼入處當覺知 若眼滅 色想則離 耳鼻舌身意滅 法想則離
『잡아함경』 제8권,「세간오욕경(世間五欲經)」

부처님께서는 당신의 가르침을 일상 언어로 풀이하셨기 때문에, 그 가르침을 단순하게 생각하면 가르침의 뜻과 차이가 나게 됩니다. 부처님 당시에야 부처님이 계셨기 때문에 분위기와 차후 반복된 설명에서 일상 언어를 통해 가르침에 다가갈 수 있었을 것입니다. 그러나 지금은 그렇지 않으니, 신중하고 신중하게 생각해야 합니다.

앞에서 살펴본 바대로 육근인 안이비설신은 신체 기관이 아니며, 마음 작용(육식)을 일으킬 능력[공능(功能)]을 말합니다. 육근은 지난 세월의 업과 함께 하고 있으며, 늘 마음 저변에 탐진치 삼독과 함께 합니다. 따라서 '눈이 멸한다'는 말은 신체 기관인 눈이 없어진다는 뜻이 아니라 선입견(업)에 의해 물들어 있고 삼독과 함께 하는, 마음 작용을 일으킬 능력인 안근이 사라진다는 뜻입니다. 분별 망상의 마음 작용(육식)을 일으킬 능력을 가진 안근이 사라지니 그 대상인 색(빛깔)이라는 생각 또한 떠나게 됩니다. 그리고 그 대상 또한 마음 밖에 있는 사물이 아니라 선입견에 이미 물든 대상입니다. 그래서 육진(六塵)이라고도 번역합니다.

따라서 '안이비설신의가 없고 색성향미촉법이 없다'는 것은 세포나 여러 요소로 이루어져 있기 때문에 '자성이 없다'는 뜻은 아닙니다. 십이처는 이미 선입견(업)과 함께 하며, 마음 작용 간의 관계성 속에서 드러나기에 그것이라고 할 자성이 없습니다.

구마라집 스님(343~413)의 제자 승조 스님(384~414)은 다음과 같이 말씀하셨습니다.

그러므로 경에서 말하였다. '색법의 성품이 공이며, 색을 부수어서 공한 것은 아니다.' (풀이한다.) ··· 만법의 본성은 스스로 공하기 때문에 요리하듯 분석하기를 기다린 뒤에 공한 것은 아니다.
故經云 色之性空 非色敗空 ··· 以萬法本性自空 故不待宰割分析
然後爲空也.

승조 스님, 『조론(肇論)』「부진공론(不眞空論)」

보통 색법의 성품이 공함을 나타낼 때, 앞에서 볼펜을 예로 들어 언급한 바와 같이 분석을 통해 공함을 증명합니다. 그런데 승조 스님은 그렇지 않다고 합니다. 볼펜의 성품이 스스로 공한 것이지 분석을 거친 뒤에 공한 것이 아니라는 말씀입니다. 곰곰이 새겨봐야 할 내용입니다.

한편 『반야심경』에서 '없다[무(無)]'라는 말을 하지 않더라도 이처럼 이미 안이비설신의와 색성향미촉법은 자성이 없습니다. 여기서 '없다[무(無)]'가 필요 없는 용어가 아니라면, '강조'라고 볼 수 있습니다. 눈[설(雪)]이라고 말해도 하얀 눈인 줄 알지만 '하얀 눈'이라고 하는 것처럼 말입니다.

그리고 '안이비설신의가 없고 색성향미촉법이 없다'는 말은, 앞서 『잡아함경』에서 언급한 것처럼, 분별망상을 일으키는 근거인 유루의 십이처가 사라졌다는 뜻으로 해석할 수 있습니다. 즉 모든 분별이 사라진 상태입니다. 그렇다고 경전의 말씀은 안근 내지 법경이 완전히 사라진다는 말씀은 아닙니다. 유루로서의 안근 내지 법경이 무루로서의 안근 내지 법경으로 바뀌게 됩니다. 허망분별이 사라진 부처님에게는, 여러 의견이 있지만, '무루의 십이처를 갖춘다'(『성유식론』 제10권 참조)고 합니다.


### 3)
### 십팔계(十八界), 세상의 근거

우리가 세상을 아는 순간, 벌써 그 세상은 나에게 알려진 세상, 나에 의해 이해된 세상입니다. 저 밖에 있는 그 세상이 아닙니다. 저 밖에 있는 세상이 그대로 나에게 알려진다면, 각각 중생들에게 보이는 세상은 똑같아야 합니다. 그런데 그렇지 않습니다.

옛글에, 사람에게 물로 보이는 것이 물고기에게는 집과 길로, 하늘 중생에게는 유리보석으로, 아귀에게는 피고름으로 보인다고 합니다. 이렇게 보이는 것은 각각의 공통된 업이 그렇기 때문입니다. 여기서 업이란 팔자라는 개념보다는 지난 삶 속에서 형성된 선입견입니다.

이런 말이 별 설득력이 없을 수도 있습니다. 우리는 사람인지라 물고기나 하늘 중생이나 아귀의 입장에서 그렇게 보이는지 어떤지 알 수 없기 때문입니다. 다음 이야기는 어떻습니까. 계속 예를 드는 것으로, 누구에게는 수건으로 보였던 것이 누구에게는 걸레이고, 우리는 개가 '멍멍' 짖는다고 하는데, 미국에서는 '바우와우' 짖는다고 합니다. 원효 스님의 해골 물도 그 예가 됩니다. 물론 이 모든 것은 무학 대사와 이성계의 이야기로 마무리

됩니다. "부처님 눈에는 부처님으로 보이고, 돼지 눈에는 돼지로 보인다."

즉, 지금 내 앞에 보이는 세상은 세상 자체가 아니라 나를 둘러싼 여러 상황에 의해 그렇게 드러난 세상입니다. '어떻게 해서 이렇게 세상이 나에게 드러나는가'에 대한 부처님 가르침이 연기법이고, 그 연기법을 설명하는 다양한 방법(方便) 중 하나가 십팔계(十八界)입니다.

> 어떤 비구는 십팔계(十八界)를 보아 참다이 아나니, 곧 안계(眼界)·색계(色界)·안식계(眼識界), 이계(耳界)·성계(聲界)·이식계(耳識界), 비계(鼻界)·향계(香界)·비식계(鼻識界), 설계(舌界)·미계(味界)·설식계(舌識界), 신계(身界)·촉계(觸界)·신식계(身識界), 의계(意界)·법계(法界)·의식계(意識界)이다.
>
> 『중아함경』 제47권, 「다계경(多界經)」

나에게 드러난 세상은 저 밖에 있는 별도의 세상 자체가 아니라 나에 의해 이해된 세상입니다. 이렇게 나에게 드러난 세상, 나에 의해 이해된 세상을 불교에서는 법(法)이라고 하고, 이를 '인식 현상' 또는 '현상' 등 철학용어로 번역하기도 합니다. 앞서 예를 든, '수건', '걸레', '멍멍', '바우와우', '달콤한 물', '해골 물', '돼지', '부처' 등이 나에게 드러난 것으로 법입니다.

내가 인식하지 않은 것은 알 수 없고 말할 수 없듯이, '나에게 드러난 것'이라는 말은 벌써 나의 인식 활동 속에 드러난 것입니다. 따라서 인식 현상인 '법'이 생겨나려면 '인식하는 주체'가 있어야 하고 '인식되는 대상'이 있어야 합니다. 그리고 '인식하는 주체'가 '인식하는 대상'을 상대하여 '인식하는 작용'이 있어야 합니다.

눈[眼]이 빛깔과 모습[色]을 인연하여 안식(眼識)이 생긴다. … 의식(意識)은 의(意)와 법(法)의 인연으로 생긴다.

『잡아함경』제7권,「인연경」

인식 주체는 안계·이계·비계·설계·신계·의계로서 인식 기관인 내육근계(內六根界)를 말하고, 인식 대상은 색계·성계·향계·미계·촉계·법계로서 외육경계(外六境界)를 말하고, 인식 작용은 안식계·이식계·비식계·설식계·신식계·의식계로서 육식계(六識界)를 말합니다. 이 열 여덟 가지를 십팔계(十八界)라고 합니다.

여기서 '계(界, dhātu)'는 종족(種族), 생본(生本), 종류(種類), 종자(種子), 인(因), 본성(本性) 등의 뜻이 있습니다. 종족, 종류라는 말은 이것과 저것의 구분의 의미가 강합니다. 생본, 종자, 인 등은 근거, 씨앗, 원인이라는 의미입니다. 따라서 '계(界)'란 다른 것과 구분되는 본성을 가지면서 무엇을 생기게 하는 근거, 씨앗, 원인이라는 뜻입니다. 따라서 십팔계는 각각 육근과 육경과 육식이 일어나는 근거, 씨앗, 원인입니다. 또는 육근과 육경과 육식이 법을 드러나게 하는 근거, 씨앗, 원인입니다. 이러한 근거, 원인, 씨앗으로부터 육근과 육경과 육식이 자신의 모습을 가지면서 일어나

화합하여 법(세상)이 나에게 드러납니다.

이러한 근거, 씨앗, 원인은, 저 밖에 있는 것이 아니라 마음속에 있습니다. 수건이 필요한 나는 그것을 보는 순간, 그것에 수건이라는 대상[색경(色境)]으로 덧칠하고, 긴 세월 어리석음 등 업에 오염된 안근(眼根)은 안식(眼識)을 일으킵니다. 이렇게 안근과 색경과 안식이 함께 하여 나에게 '수건'이라는 법이 나타납니다. '멍멍'이라는 소리 역시 마찬가집니다. 개가 짖는 순간, 그 개 짖는 소리에 '멍멍'이라는 대상[성경(聲境)]으로 덧칠하고, 역시 오염된 이근(耳根)은 이식(耳識)을 일으키고, 그 셋이 함께 하여 개가 '멍멍' 짖는다고 분별합니다.

따라서 '수건'은 저 밖에 있는 그 '수건'이 아니라 마음속에 가지고 있는 씨앗이 드러나서 파악된 '수건'입니다. '멍멍' 소리도 마찬가집니다. 나에게 펼쳐진 세상은 세상 그 자체가 아니라 마음 작용에 의해 드러난 세상입니다. 그 근거인 십팔계 역시 마음 작용으로 이루어진 것입니다. 이에 그것이라고 할 자성이 없습니다.

『반야심경』에서 말합니다. "안계도 없고 나아가 의식계도 없다[無眼界 乃至 無意識界]."

# 4)
# 오온, 십이처,
# 십팔계의 관계

## (1)
## 삼과설과 심소법의 관계

마음 작용으로 내 앞에 세상이 펼쳐진다고 거듭 강조하여 왔습니다. 이러한 마음 작용으로 펼쳐지는 세상을 설명하는 가르침이 연기법이라고 보았습니다. 그리고 이러한 연기법을 설명하는 교설로서 오온, 십이처, 십팔계를 살펴보았습니다.

오온 등의 상호 작용에 의해 나에게 세상이 펼쳐진다고 하였습니다. 그런데 이러한 세상이 펼쳐질 때, 이러한 세상을 내가 파악할 때, 그냥 '그렇구나', 그냥 '저런 것이 있구나' 하는 것만은 아닙니다. 어떤 때는 기쁨으로 가득한 착한 마음이 일어나고, 어떤 때는 괴로움으로 가득한 못된 마음이 일어나기도 합니다. 혹은 그릇된 판단을 하기도 하고 바른 판단을 하기도 합니다. 연기법에는 이러한 마음 작용이 다 포함되어 있습니다. 뒤에 살펴보겠지만, 오온의 행온에, 십이처의 법입처에, 십팔계의 법계에 이러한 마음 작용이 포함되어 있습니다.

착한 마음이 일어날 때는 마음이 어떻게 되고, 못된 마음이 일어날 때는 마음이 어떻게 될까요? 착한 마음이 일어나는 마음이 따로 있고, 못된 마음이 일어나는 마음이 따로 있을까요? 아니면 똑같은 마음인데 일어날 때마다 다른 모습을 보이는 것일까요?

이러한 마음 상태에 대한 가르침이 '심왕과 심소법'입니다. 일단 심왕(心王)은 안식, 이식, 비식, 설식, 신식, 의식 등입니다. 심소법(心所法)은 심왕과 함께 하며 심왕에 의지하여 일어나는 부수적인 마음입니다. 심왕이라 함은 심법의 주체요, 심소법이라고 함은 심왕에 따라서 함께 하는 것으로 '심왕이 소유한 법'이라는 뜻입니다. 곧 신하가 국왕에 종속되어 있는 것과 같습니다.

결코 왕 혼자 나라를 다스리는 것은 아닙니다. 왕 주위에서 수많은 신하들이 함께 합니다. 왕과 늘 함께 하는 신하도 있고, 특정한 일에 대해서만 왕과 함께 하는 신하도 있습니다. 좋은 일을 도모하는 신하도 있고, 나쁜 일을 도모하는 신하도 있습니다. 결국 신하들의 조언과 더불어 왕은 나라 일을 해나갑니다.

왕에게 다양한 부류의 신하가 있는 것처럼, '주된 마음'이 일어날 때는 그때그때 여러 부류의 다양한 '부수적인 마음'이 함께 합니다. 심왕은 주된 마음이며, 심소법은 부수적인 마음입니다. 이에 심왕을 심법이라고도 하며, 심소법은 심소유법(心所有法) 또는 심소라고도 합니다. 마음이 소유한 것이라고 하여 심소유법(心所有法)이라고도 합니다.

두 법이 있으니 … 안(眼)과 색(色)이 두 법이다. … 왜냐하면 안과 색을 반연하여 안식이 생기고 세 가지(안근·색경·안식)가 화합함이

촉(觸)이며, 촉에서 수(受), 상(想), 사(思)가 함께 생기기 때문이다.

『잡아함경』 제13경 「인경」

여기서 안식이 심왕이고, 촉(觸)·수(受)·상(想)·사(思)가 심소법입니다. 안근과 색경이 반연하는 것만으로 안식이 그냥 일어날 수 있는 것은 아닙니다. 기본적으로 몇 가지 '부수적인 마음(심소법)'이 함께 합니다.

안근·색경·안식 세 가지가 화합할 수 있도록 하는 '부딪힘[觸]'의 작용이 있어야 하고, 부딪침과 동시에 이를 '받아들임[受]'의 작용이 있어야 하고, 받아들인 것에 대해 '모양 취함[想]'의 작용이 있어야 하고, 모양을 취한 것에 대해 이렇게 저렇게 '조작함[思]'의 작용이 있어야 합니다. 그리고 이 경에서는 언급하지 않았지만, 안식을 일으켜 색경으로 '나아가게 함[작의(作意)]'의 작용이 있어야 합니다. 이 다섯 가지는 '주된 마음[心王]'과 기본적으로 함께 합니다. 마치 왕과 늘 함께 하는 신하처럼 말입니다.

이러한 마음 작용을 바탕으로 믿음을 가지고 열심히 정진하거나, 어리석음도 없고 욕심도 없고 성냄도 없거나 하는 경우에는 착한 마음이 일어납니다. 이때는 믿음, 정진, 어리석지 않음, 욕심 없음, 성내지 않음 등인 착한 측면의 부수적인 마음이 함께 합니다. 이를 선심소(善心所)라고 합니다. 이러한 선심소가 함께 할 때는 착한 마음이 일어납니다. 마치 충신의 도움에 의해 왕이 선정을 베푸는 것과 같습니다.

한편, 탐내거나 성내거나 어리석거나 자기를 추켜세우거나

의심을 하거나 그릇된 견해를 가질 때에는 못된 마음이 일어납니다. 이때는 탐욕, 성냄, 어리석음, 추켜세움, 의심, 그릇된 견해 등인 못된 측면의 부수적인 마음이 함께 합니다. 이를 번뇌심소(煩惱心所)라고 합니다. 특히 이 여섯 가지를 근본번뇌심소라고 합니다. 이러한 번뇌심소가 함께 할 때는 못된 마음이 일어납니다. 마치 간신의 말에 의해 왕이 폭정을 하는 것과 같습니다.

그밖에 다양한 심소법이 있지만, 더욱 번잡해질까 두려워 이만 줄입니다. 이처럼 마음이 일어날 때는 여러 부수적인 마음이 함께 일어나 우리의 삶을 요동치게 합니다. 그런데 착한 마음이 있을 때는 못된 마음은 함께 하지 못합니다. 반대로 못된 마음이 있을 때는 착한 마음이 함께 하지 못합니다. 착한 마음속에 살아간다면 번뇌는 함께 하지 못합니다. 그 착한 마음의 근본이 믿음입니다.


신위도원공덕모(信爲道元功德母)

장양일체제제선법(長養一切諸善法)

믿음은 도의 근본이고 공덕의 어머니라

일체 모든 착한 법을 자라나게 하나니

『화엄경』 「현수품」

(2)

오온, 십이처,
십팔계의 관계

연기법을 설명하는 가르침으로 삼과설(三科說)인 오온(五蘊), 십이
처(十二處), 십팔계(十八界)에 대해 긴 시간 살펴보았습니다. 이해와
논의 전개를 위해 다시 용어만 잠시 언급하고자 합니다.

　『반야심경』의 '색즉시공 공즉시색 수상행식 역부여시'에서
'색(色), 수(受), 상(想), 행(行), 식(識)', 즉 '색온, 수온, 상온, 행온, 식
온'을 오온이라고 합니다. 이 다섯 가지 작용에 의해 변화하는 세
상이 드러납니다.

　'무안이비설신의 무색성향미촉법'에서 '안(眼), 이(耳), 비(鼻),
설(舌), 신(身), 의(意)'와 '색(色), 성(聲), 향(香), 미(味), 촉(觸), 법(法)'을
십이처라고 합니다. '색처(色處) … 법처(法處)' 또는 '안근(眼根) …
의근(意根)', '색경(色境) … 법경(法境)'이라고도 합니다. 안(眼)과 색
(色) 등이 근거가 되어 마음 작용이 일어나 세상이 드러납니다.

　'무안계 내지 무의식계'에서 '내지(乃至)'는 중간 생략을 나타
냅니다. '안계, 이계, 비계, 설계, 신계, 의계', '색계, 성계, 향계, 미
계, 촉계, 법계', '안식계, 이식계, 비식계, 설식계, 신식계, 의식계'
를 십팔계라고 합니다. 십이처에 '안식, 이식, 비식, 설식, 신식,
의식'이 추가되었습니다. 안근, 색경, 안식 등이 서로 화합하여
마음 작용이 일어나 세상이 드러납니다.

　그런데 오온, 십이처, 십팔계가 각각 따로 있는 것이 아닙니

다. 앞에 드러난 세상은 마음 작용으로 펼쳐진 것입니다. 이러한 마음 작용으로 일어나는 법을 어떤 기준으로 나누는가에 따라 오온, 십이처, 십팔계로 설명됩니다. 먼저 인용한 『구사론』 내용을 다시 언급합니다.

> 유정의 어리석음에 세 가지가 있으니, (부수적인) 마음 작용[심소(心所)]에 어리석어 '아(我)'라 집착하니 (오온을 말씀하셨고,) 혹은 오직 색(色)에 어리석어 (십이처를 말씀하셨고,) 혹은 색(色)·심(心)에 어리석어 (십팔계를 말씀하셨다.) 근기에 셋이 있으니, 이른바 뛰어난 근기에게는 (오온을 말씀하셨고,) 중간 근기에게는 (십이처를 말씀하셨고,) 둔한 근기에게는 (십팔계를 말씀하셨다.) 좋아함에 세 가지가 있으니, 간략한 글을 좋아하는 이에게는 (오온을 말씀하셨고,) 중간 정도를 좋아하는 이에게는 (십이처를 말씀하셨고,) 자세한 글을 좋아하는 이에게는 (십팔계를 말씀하셨다.)
>
> 『구사론』 제1권

이런 맥락에서 옛 스님들의 말씀을 참고하여 다음과 같이 정리해봅니다.

"심(心)이 나[我]라고 집착하는 자를 위해 심(心)을 수, 상, 행, 식 넷으로 나누어 설명함으로써 그 집착을 막는다. 나[我]가 여럿일 수는 없다. 이를 '색은 합치고 심은 펼쳤다[색합심개(色合心開)]'고 한다. 오온에서 색이 하나이면서 맨 앞에 나와 있으므로 색에 집착하는 자가 있다. 이를 위해 색을 '안, 이, 비, 설, 신'과 '색, 성, 향, 미, 촉'과 그리고 '법 일부분'으로 나누어 그 집착을 막는다. 이를 색은 펼치고 심은 합쳤다[색개심합(色開心合)]고 한다. 십이처에서 오온의 색이 근과 경으로 나누어진다. 이에 (색에 속하지 않는 의근과 법경이 있음에도 주로) 색에 속하는 근과 색에 속하는 경이 근거가 되어 인식이 일어난다고 생각하여 심이 색의 부산물이라고 착각한다. 색, 심에 모두에 어리석은 것이다. 이를 위해 십이처에서 의근을 펼쳐 '의계'과 '안식계, 이식계, 비식계, 설식계, 신식계, 의식계'로 나누어 십팔계를 설명한다. 단지 근, 경이 아닌 근, 경, 식 화합을 통해 인식이 일어나 세상이 드러남을 보여준다. 이를 '심, 색 모두 펼친다[심색구개(心色俱開)]'고 한다."

오온, 십이처, 십팔계는 각각 별도의 법을 설명하는 교설이 아닙니다. 오늘날 '오온은 인간을 설명하고(분석하고), 십이처는 존재를 설명하고(분석하고), 십팔계는 세계를 설명한다(분석한다)'고 주장하기도 하지만, 위 내용에 의거하면 오온, 십이처, 십팔계는 각각 다른 대상을 설명하거나 분석하는 말씀이 아닙니다. 모두 같은 대상, 즉 우리 앞에 펼쳐진 세상[법]을 듣는 이의 이해 수준이나 이해 방법에 따라 오온, 십이처, 십팔계로 그 분류를 다르게 하신 말씀입니다.

그러므로 오온, 십이처, 십팔계는 다음과 같이 서로 연결됩니다. 우선 오온에서 수온, 상온은 부수적 마음인 심소법에 해당합니다. 그리고 행온에는 수온과 상온은 제외한 모든 심소법이 포함됩니다. 행온에는 시간, 언어 등 불상응행법(不相應行法)도 포함됩니다. 불상응행법은 색심불상응행법이라고 하며, 여기서 상응(相應)은 '비슷하다'는 뜻입니다. 따라서 불상응행법은 색과 비슷하지 않고 심과 비슷하지 않는 법입니다. 가령 시간이나 언어는 색이라고도 할 수 없고 심이라고도 할 수 없습니다. 심소법과 불상응행법은 십이처, 십팔계에서 법처, 법계에 속합니다. 그림으로 나타내면 다음과 같습니다.

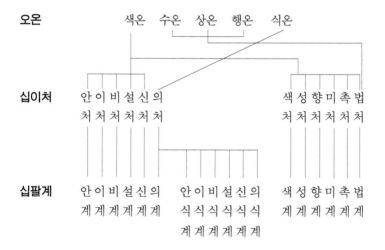

:

따라서 '안이비설신의가 없고
색성향미촉법이 없다'는 것은
세포나 여러 요소로 이루어져 있기 때문에
'자성이 없다'는 뜻은 아닙니다.
십이처는 이미 선입견(업)과 함께 하며,
마음 작용 간의 관계성 속에서 드러나기에 그
것이라고 할 자성이 없습니다.

# Ⅲ

연기와
윤회의 동력,
번뇌와 업

- 십이연기(十二緣起),
  삶의 반복 마음의 윤회

- 중생의 세계와
  깨달음의 세계

- 업,
  결과를 초래하는 힘

- 번뇌,
  돌고 도는 윤회의 씨앗

:

십이연기는

우리가 왜 태어나고 죽는가에 대한 문제뿐만 아니라,

우리가 세상을 인식하는 모습도

함께 설명하는 것입니다.

항상 그렇게 있다고 생각하는

소중한 것[有]이

생겼다[生]가 변해가고[老] 사라지니[死]

얼마나 괴롭겠습니까?

# 1

# 십이연기(十二緣起),
# 삶의 반복 마음의 윤회

## 1)
## 어리석음에 의한
## 반복된 집착

불교에서 삶을 바로 보는 시각 가운데 하나는 괴로움입니다. 어떤 이는 말합니다. "왜 삶을 괴로움이라고 하는가, 즐거움도 있는데." 이에 대해 말합니다. "즐거움도 항상한 것이 아니다. 결국 즐거움을 잃게 되거나, 즐거움을 잃어버릴 괴로움이 있기에 결국 괴로움이다." 그렇다면 반대의 경우도 가능합니다. "괴로움도 항상한 것이 아니다. 결국 괴로움이 사라지게 되거나, 괴로움이 사라질 즐거움이 있기에 결국 즐거움이다." 그런데 보통 우리는 후자의 사고보다 전자의 사고에 많이 젖어 있습니다.

한편, 절 집안에 이런 이야기가 있습니다. "인간 세계가 수행하기 가장 좋은 곳이다. 하늘 세계는 너무도 즐거워서 부처님 가르침이 귀에 들어오지 않고, 지옥 세계는 너무도 괴로워서 부처님 가르침과 함께 할 여력이 없다. 인간 세계는 적당히 괴롭고 적당히 즐거우니, 부처님 가르침과 가까이하기 쉽다."

이러한 이야기를 통해 왜 불교에서 괴로움을 부각시키는가 살펴볼 수 있습니다. 첫째, 우리의 삶과 삶에 대한 생각이 대부분 괴로움으로 귀결되기에 현실을 직시하라는 의미에서 말씀하셨다고 볼 수 있습니다. 둘째, 괴로움을 부각시킴으로써 잘못 알고 있는 현실을 직시하고 현재의 삶에 대한 반성에서 그 해결책을 찾아가게 하고자 말씀하셨다고 볼 수 있습니다.

여하튼 경전 상에 있는 글자 그대로 볼 때, 석가모니께서도 삶의 괴로움에서 시작하여 괴로움의 해결로 나아갑니다. 십이연기의 가르침도 그렇게 이루어집니다. 왜 늙고 죽는 괴로움이 있을까? 그것은 태어남이 있어서. 그 태어남은, …. 이렇게 살펴가다 보니, 결국 무명(無明)이라는 어리석음으로 이어집니다. 즉, 어리석음으로 인해 괴로움이 생겨나는 과정을 12항목으로 나타낸 가르침이 십이연기입니다. 이를 십이유지(十二有支)라고도 합니다.

어떤 것을 인연법이라 하는가? 이른바 '이것이 있기 때문에 저것이 있다'는 것이니, 곧 무명(無明)을 연하여 행(行)이 있고, 행을 연하여 식(識)이 있으며, 나아가 그리고 온통 괴로움뿐인 덩어리가 모이는 것이다.

『잡아함경』 제12권, 「인연경(因緣經)」

즉, 12지란, 무명(無明) → 행(行) → 식(識) → 명색(名色) → 육

입(六入) → 촉(觸) → 수(受) → 애(愛) → 취(取) → 유(有) → 생(生) → 노사(老死)입니다. 이 12항목이 각각 그 앞의 것을 조건으로 하여 생겨나 있기도 하고, 사라져 없어지기도 합니다.

그런데 앞에서 말씀드렸듯이 이 12항목 하나하나에 대한 개념 설명은 부처님 가르침 이후 부파불교를 거쳐 대승불교, 심지어 오늘날까지 다양하게 논쟁되고 있는 내용들입니다. 그리고 12지분의 관계성에 대한 설명도 다양합니다. 즉 12연기 각 지분이 한 찰나 동시에 일어나는 관계성으로 이해하는 이들도 있고, 혹은 12찰나 내지 여러 생에 걸친 생의 유전으로 이해하는 이들도 있고, 혹은 과거생·현재생·미래생의 유전으로 이해하는 이들도 있습니다.

여기서는 다양한 해석을 토대로 무명(無明)과 유(有)에 초점을 맞추어 풀어보고자 합니다.

무명은 글자 그대로 '지혜[明]가 없다'는 뜻입니다. 연기된 모습을 바르게 알지 못하고, 마음 작용으로 이루어진 것을 고정된 자아 또는 실체로 받아들이는 범부의 어리석음을 말합니다. 이러한 어리석은 생각에 의해 여러 마음 작용을 거쳐 구체적으로 개별화되고 실체화되어 나타난 것이 유(有)입니다.

그 과정을 살펴보자면, 어리석음[無明]에 의해 왜곡된 마음의 분별 작용[行]이 일어납니다. 그 마음 작용의 분별된 내용들로 마음의 흐름[識]이 이어지고, 이 마음에 의해 나와 세상을 분별하는 근거[名色]가 유지되며, 이 근거로 인해 인식 작용의 기능[六入]이 일어나 대상(나와 세상)과 부딪쳐[觸], 그 대상의 내용을 받아들이게 됩니다[愛]. 그 가운데 사랑하는 마음[愛]이 일어나고, 이에 온갖 번뇌가 일어나 집착하게 됩니다[取]. 그리하여 그 대상이 실제 있다고 생각하여 구체적으로 개별화하고 실체화된 대상[有]으로 여깁니다. 그로 인해 그것이 생겨났다[生]가 변화하여 사라졌다[老死]고 생각하여 괴로움이 생기게 됩니다.

다시 말하면 어리석음에 의해 분별된 마음 작용으로 여러 관념(선입견)이 마음의 흐름 속에 자리 잡고 있습니다. 그러다가 어떤 대상을 볼 때 그것을 기존의 관념(선입견)으로 그 무엇이라고 분별하게 됩니다. 그래서 연속적으로 항상하는 그 무엇이 있다고 생각하여 실제 존재하는 대상으로 여기게 됩니다.

따라서 십이연기는 우리가 왜 태어나고 죽는가에 대한 문제뿐만 아니라, 우리가 세상을 인식하는 모습도 함께 설명하는 것입니다. 항상 그렇게 있다고 생각하는 소중한 것[有]이 생겼다[生]가 변해가고[老] 사라지니[死] 얼마나 괴롭겠습니까? 그것이 본인이든, 가족이든, 아니면 소중한 물건이든. 그러나 그 괴로움의 원인을 모른 채 우리는 또 분별하고 집착하여 살아갑니다. 그것이 삶의 반복이자 윤회하는 우리 마음의 모습입니다.


## 2)
## 애욕이 수행의 발목을 잡다

알고 행한 잘못과 모르고 행한 잘못 중 어느 것이 더 큰 벌을 받게 되겠습니까? 『미린다왕문경』을 보면, '모르고 지은 악행이 더 큰 화를 입는다'고 합니다. 상식적으로는 이해하기 힘든 부분입니다. 모르고 행한 것에 대해서는 정상 참작을 하여 다소 가볍게 처벌하는 것이 일반적이기 때문입니다. 물론 불교에서도 알고 지은 죄를 더 엄하게 다스린다는 내용이 있습니다. 대중 생활을 위해 정해진 계율 관련 문헌을 보면 일반 상식과 같은 내용을 담고 있습니다.

그렇다면 왜 경전에서 '모르고 지은 악행이 더 큰 화를 입는다'고 하였을까? 그것은 업의 측면, 반복의 측면에서 언급한 것이라고 이해됩니다. 알고 그 악행을 했으면, 최소한 잘못된 일이라는 것은 압니다. 따라서 마음에 일말의 가책이 있든지, 아니면 반복하지 않을 수도 있습니다. 그러나 모르고 짓게 되면, 또 짓게 될 가능성이 있습니다. 이에 업이 자꾸 쌓여가게 되니 그로 인한 화는 커져갈 수밖에 없습니다.

우리의 삶이 그렇습니다. 과거 어리석음 '혹(惑)'[무명(無明) → ]에 의해 '업(業)'[행(行) → ]을 지었고, 그에 따라 현재의 '고(苦)'[식(識) → 명색(名色) → 육입(六入) → 촉(觸) → 수(受) → ]를 받으면서도, 현재 또한 그것을 알지 못하고 미'혹(惑)'하여[애(愛) → 취(取) → ] 또 다시 '업(業)'[유(有) → ]을 이루고, 그로 인해 미래에 반복되는 '고(苦)' [생(生) → 노사(老死)]를 받게 됩니다. 즉, 우리의 삶은 '혹(惑) → 업(業) → 고(苦)'의 반복된 삶입니다.

그러나 우리는 그 사실을 제대로 알지 못합니다. 그 놈의 근본무명이 깊숙하게 자리 잡고 있어 스스로 어리석다는 사실조차 모른 채 잘난 맛으로 살아갑니다. ─ 이런 점에서 '내가 너희들과 다른 것은, 내가 아무 것도 모른다는 사실을 안다는 것이다'라는 소크라테스의 말씀은 깊은 울림을 전합니다. ─ 이러한 삶의 반복, 마음의 윤회로부터 자유로울 수 있는 방법은 무명을 없애는 것입니다. 이것이 그 유명한 연기 공식의 후반 구절에 해당됩니다. '이것이 없으므로 저것이 없고, 이것이 사라지므로 저것이 사라진다.' 무명이 없으므로 행이 없고, 행이 없으므로 나아가 노사(老死)가 없어져 모든 고통이 사라지게 됩니다.

'무명이 있으므로 행이 있고 행이 있으므로 나아가 노사가 있다'고 살펴보는 것을, 그 마음 작용이 서로 관계하여 고통이 일어났기 때문에 유전연기(流轉緣起) 또는 순관(順觀)이라고 합니다. 반대로 '무명이 없으므로 행이 없고 행이 없으므로 나아가 노사가 없다'고 살펴보는 것을, 무명으로 인한 마음 작용이 사라져 고통이 없어지기 때문에 환멸연기(還滅緣起) 또는 역관(逆觀)이라고 합니다. 어떤 논서에서는 '노사가 왜 있는가? 생이 있기 때문이다. 생은 왜 있는가? 나아가 행은 왜 있는가? 무명이 있기 때문이다'라고 살펴보는 것을 역관이라고 언급하기도 합니다. 단, 필자가 본 경전에서는 환멸연기를 역관이라고 봅니다.

'무명을 없애는' 이 부분에서 당연히 수행이 언급됩니다. 그런데 이러한 삶의 반복, 마음의 윤회가 무명으로 인한 것이라고 한다면, 어리석음(무명)을 지혜[명(明)]으로 전환시키기 위해 수행하는 과정에 있어서 가장 걸림돌이 되는 것은 바로 '애(愛)'입니다. 이런 까닭에 어떤 경전에서는 무명 때문에, 어떤 경전에서는 애욕 때문에 중생들이 생사윤회한다고 달리 말씀하십니다.

'애(愛)'란 바로 '하고자 함[욕(欲)]'을 그 자체 모습으로 합니다. '욕(欲)' 그 자체는 '좋다', '나쁘다' 단정할 수 없습니다. 그러나 욕(欲)이 무명과 함께 하면 '애(愛)'가 되어 온갖 번뇌를 야기합니다. 따라서 드러나 보이는 측면에서 보면 애(愛)가 수행의 발목을 잡는 대표적인 것이기에, 경전을 보면 애욕을 멀리 하라고 거듭 강조합니다.

> 사람이 애욕을 품으면 도를 볼 수 없다. 마치 맑은 물에 손을 넣고 저어버리면 많은 사람들이 와서 들여다보아도 그 영상을 볼 수 없는 것과 같다. … 애욕의 때가 다하여야 도를 볼 수 있다.
>
> 『사십이장경』

현재 우리의 삶을 돌이켜 보아도 그렇습니다. 그 순간이 지나면 별 것 아니고 한 순간 쾌락인데, 울고불고 그것을 놓지 못합니다. 즉, 우리의 삶을 과감하게 전환시키지 못하는 것은 바로 애욕, 애착 때문입니다. 그것이 사람에 대한 것이든, 재물에 대한 것이든, 명예에 대한 것이든.

> 재물과 색을 버리지 못하니, 마치 한번 먹을 것도 못되는, 칼날에 묻은 꿀을 어린아이가 핥다가 혀 베이는 화를 입는 것과 같다.
>
> 『사십이장경』

## 2

# 중생의 세계와
# 깨달음의 세계

## 1)
## 삼계 육도, 돌고 도는 중생의 세계

불교의식문 가운데 예불문을 보면 '삼계도사(三界導師)'라는 말이
나옵니다. '삼계'란 욕계·색계·무색계를 말합니다. 욕계는 중생
의 분별심인 탐욕이 주를 이루는 곳이며, 색계와 무색계는 선정
수행에 의해 태어나는 곳입니다. 비록 선정 수행에 의해 태어나
는 곳이지만, 어리석음에 의해 그곳에 대한 애정이 있기 때문에
그곳 또한 생사윤회하는 세계입니다.

　욕계에는 지옥, 아귀, 축생, 아수라, 인(人), 천(天)이 있습니다.
그리고 욕계천에는 아래부터 사왕천(四王天), 도리천(忉利天), 야마
천(夜摩天), 도솔천(兜率天), 낙변화천(樂變化天), 타화자재천(他化自在天)
이 있습니다. 이를 육욕천(六欲天)이라고 합니다. 색계는 초선천(初
禪天), 제2선천, 제3선천, 제4선천이 있고, 이를 또 세분하면 17천
(天) 등 여러 천으로 나눕니다. 무색계는 공무변처천(空無邊處天), 식

무변처천(識無邊處天), 무소유처천(無所有處天), 비상비비상처천(非想非非想處天)이 있습니다.

이처럼 삼계는 지옥, 아귀, 축생, 아수라, 인, 천 등 육도(六道)를 포함합니다. 육도는 육취(六趣)라고도 합니다. 도(道) 또는 취(趣)는 '가는 곳', '왕래하는 장소'라는 뜻입니다. 육도는 중생이 지은 업에 의해 가게 되는 세계입니다. 지옥, 아귀, 축생을 악업에 의해 태어나는 곳이므로 삼악도(삼악취)라고 합니다. 아수라, 인, 천은 선업에 의해 태어나는 곳이므로 삼선도(삼선취)라고 합니다. 혹은 삼악도에 아수라를 포함하여 사악도(사악취)라고도 합니다. 보통 '육도 윤회'라는 말이 회자되기 때문에 '육도'가 익숙하지만, 아수라를 빼고 '오도' 또는 '오취'라고도 합니다. 이때 아수라는 아귀 또는 천 가운데 포함됩니다.

지옥은 범어로는 나락카(naraka) 또는 니라야(niraya)라고 합니다. 악업에 의해 극심한 괴로움의 세계에 태어나는 중생 혹은 그 세계를 말합니다. '나락에 떨어졌다'는 말은 여기서 나왔습니다. 아귀로 태어나면 항상 허기지고 갈증나는 괴로움을 받습니다. 전생에 악한 일을 많이 하였거나 탐욕스런 성질을 가진 자가 아귀의 과보를 받게 됩니다. 보통 몸은 남산만 하고 목은 바늘 구멍만 한 아귀를 말하지만, 그 외 다양한 아귀가 있습니다. 가령, 저울 눈금을 속인 자는 불알이 남산만 한 아귀로 태어난다고 합니다. 축생은 모든 동물을 말합니다. 혹은 방생(傍生)이라고도 합니다. 이는 형체가 무겁거나 길어서 서서 걷지 못하고 옆[傍]으로 누워 걷는 특징에서 나온 말입니다. 아수라는 싸우기를 좋아하는 싸움꾼입니다. 그 싸움의 상대가 제석천입니다. '아수라장'이라는 말이 여기서 나왔습니다.

어리석음에 의해 중생은 수많은 업을 짓습니다. 그 업의 결과로 다음 생에 또 다른 몸을 받습니다. 업의 과보로 받게 되는 것은 이 몸만이 아닙니다. 이 몸이 의지하는 이 국토도 있습니다. 인간으로 태어났지만, 다른 곳이 아닌 이 곳에 태어난 것도 그 과보입니다. 따라서 어떤 업에 의해 그러한 중생으로 태어났다면, 그것은 그 업에 의해 바로 그러한 보를 받았기 때문에 정보(正報)라고 합니다. 그리고 정보가 의지하는 국토를 의보(依報)라고 합니다. 정보를 유정세간(有情世間)이라 하고, 의보를 기세간(器世間)이라고도 합니다.

삼계 또는 육도에는 윤회하는 중생인 유정세간(有情世間)과 그들이 살아가는 곳인 기세간(器世間)이 포함됩니다. 지옥이라고 할 때, 그 지옥은 그곳에 태어나는 중생 혹은 그 세계를 말합니다. 아귀, 축생, 아수라, 인, 천 등도 마찬가집니다. 따라서 혹 경전에 나오는 천(天)은 공간을 말하는 하늘만 일컫는 것이 아니라 하늘에 살고 있는 중생도 일컫습니다. 오히려 천(天)은 공간인 하늘보다는 중생인 하늘로 사용하는 경우가 더 많습니다. 중생이 주(主)이기 때문입니다. 기세간은 중생이 의지하지만 중생의 업에 의해 드러납니다.

이처럼 삼계는 중생들이 생사윤회하는 세계입니다. 중생(衆生)이란 많은[衆] 삶을 산다[生]는 뜻입니다. 업에 의해 거듭거듭 태어나 많은 삶을 살기 때문에 중생입니다. 그런데 이러한 삼계

육도를 크게 두 경우로 이해합니다. 하나는 앞서 언급한 것처럼 업의 과보로 받게 되는 중생들이 살아가는 실제 세계로 보는 경우입니다. 다른 하나는 정신 세계의 깊이로 보는 경우입니다. 초선정(初禪定)부터 비상비비상처정(非想非非想處定) 등 선정의 깊이를 설명하는 경우가 후자에 해당합니다. 혹은 우리의 현재 마음 상태를 지옥에서 하늘로 나누어 설명합니다. 가령, 나쁜 마음이나 괴로운 마음에 빠져 있다면 그 순간 지옥, 아귀, 축생의 삼악도이고, 선한 마음이나 평온한 마음에 있다면 하늘입니다. 이에 중생이란 끊임없이 많은[衆] 분별심을 일으키기[生] 때문에 중생이라고 풀이하기도 합니다.

## 2)
## 정토(淨土),
## 깨달음의 세계

욕계·색계·무색계로 구분되는 삼계(三界)는 중생들이 생사윤회하는 세계입니다. 이 생사윤회하는 세계를 혹은 사바세계라고 합니다. 사바(娑婆)는 범어 사하(sahā)의 음역입니다. '참아야 하는 세계'라는 뜻으로 감인토(堪忍土), 인계(忍界), 인토(忍土)라고 번역합니다. 이 땅의 중생들은 여러 고통을 참고 나가야 하고, 또 성인들은 여기서 피곤함을 참고 교화를 해야 하므로 이 세상을 감인(堪忍)이라고 합니다. 즉, 사바세계는 참지 않고는 살 수 없는 세상이라는 뜻입니다. 우스갯소리로, 사바사바 손을 비비지 않고는 살 수 없는 세상이라고 농하기도 합니다.

또 참기 힘든 중생의 세계를 예토(穢土)라고 합니다. 예토는 탐욕과 성냄과 어리석음[탐진치(貪瞋癡)]의 삼독(三毒)에 의해 더러워진 세계라는 뜻입니다. 이에 반해 깨달음에 의해 펼쳐진 세계를 정토(淨土)라고 합니다. 예토인 삼계는 중생들이 생사윤회하는 세계인 반면, 정토는 업에 의한 생사윤회가 일어나지 않는 세계입니다. 정토에 태어나는 중생은 부처님의 가르침을 통해 궁극에는 위없는 깨달음을 얻게 됩니다.

정토는 다양한 이름으로 불립니다. 정토에는 근심과 고통이 없고 다만 한량없는 맑고 깨끗한 기쁨과 즐거움만 있다고 하여 극락(極樂)이라고 합니다. 또 마음을 편하게 즐거움을 받으므로 안락(安樂)이라고 합니다. 또 십만억 부처님을 받들어 모시며, 모든 부처님 나라에 나아가서 불보살님께 공양하고 편안한 마음으로 정토에 돌아온다고 하여 안양(安養)이라고 합니다. 경기도 안양시에 사는 분은 바로 극락에 살고 있습니다.

극락, 안락, 안양, 정토에 관한 내용은 부파불교가 의지하는 경전인 아함경이나 니까야 등에서는 부각되지 않고 있습니다. 이는 『금강경』을 비롯한 대승경전에서 등장하는 내용으로, 이에 대한 가르침을 정토사상이라고 합니다.

정토(淨土)를 크게 두 가지 뜻으로 풀이합니다.

첫째, 정(淨)을 동사로 풀이하여 '국토[土]를 청정하게 한다[淨]'는 뜻입니다. 즉, 오염된 세계를 청정하게 합니다. 여기에도 두 가지 경우가 있습니다. 첫째는 중생이 사는 오염된 세계를 맑고 청정하게 합니다. 다른 세계에서 청정한 세계를 구하고자 하는 것이 아니라, 바로 이 예토에서 청정한 불국토를 건설합니다. 둘째는 이 세계와 다른 청정한 불국토를 만들어 그곳으로 인도합니다. 즉, 이 예토와 다른 곳에 청정한 세계를 만드는 것입니다.

둘째, 정(淨)을 형용사로 풀이하여 '깨끗한 국토', '청정한 세계'라는 뜻입니다. 이는 부처님께서 만들어 놓은 청정한 세계입니다. 아미타불이 계신 서방극락정토가 그 예입니다.

이 두 가지 풀이와 관련하여 실천면에서도 구분됩니다.

첫째, 이 세계로부터 멀리 떨어진 정토에 왕생하고자 하는 입장입니다. 이는 고뇌로 가득 찬 이 사바세계를 떠나 죽은 뒤에는 서방극락세계 등에 태어나기를 원하는 타방정토설(他方淨土說)입니다.

둘째, 이 사바세계를 그대로 정토로 변현하고자 하는 입장입니다. '마음이 청정하면 국토가 청정하다'는 『유마경』의 가르침인 유심정토설(唯心淨土說)이 하나의 예입니다.

앞에서 삼계를 두 가지 입장에서 살펴보았습니다. 하나는 중생들이 살아가는 실제 세계로 보는 경우였고, 하나는 정신세계의 깊이 또는 마음 상태를 나눈 것이라고 보는 경우였습니다. 마찬가지로 정토도 그렇게 이해할 수 있습니다. 하나는 타방정토설처럼 서방정토 등 실제 극락정토를 언급하는 경우이고, 유심정토설처럼 마음가짐으로 정토를 언급하는 경우입니다. 이 글에서는 유심정토에 의거해 정토에 대한 개념을 간단하게 이해해보고자 합니다.

'마음이 청정하다'는 말은 분별심이 일어나지 않는다는 뜻입니다. 분별심이 사라질 때, 있는 그대로 내 앞에 세상이 펼쳐집니다. 이 때 펼쳐진 세상이 정토입니다. 분별없는 마음이 '청정한 마음'이요, 있는 그대로 펼쳐진 세상이 '청정한 국토'입니다. 경전을 보면, 정토에는 지옥·아귀·축생도 없고, 여인도 없고, 장애인도 없고, 산(山)도 없다고 합니다. 이는 마음에 '이것이다', '저것이다' 하는 분별상이 없음을 묘사한 것으로 이해할 수 있습니다. 칠보로 장엄한 정토의 모습 역시 분별을 여의고 깨달음을 얻은 이의 공덕을 묘사한 것으로 볼 수 있습니다.

따라서 분별심을 내려놓은 순간이 바로 번뇌 없는 열반이고, 그로 인해 펼쳐지는 세상이 정토입니다. 아담과 이브가 에덴동산에서 쫓겨난 이유는 선악과(善惡果)를 먹었기 때문입니다. 선악과는 단지 사과를 말하는 것이 아닙니다. '선이다', '악이다'라고 분별하는 순간 우리는 에덴이라는 파라다이스에서 멀어지게 됩니다.

지도무난(至道無難)  지극한 도는 어렵지 않음이요
유혐간택(唯嫌揀擇)  오직 간택함을 꺼릴 뿐이니
단막증애(但莫憎愛)  단지 미워하거나 사랑하지만 않으면
통연명백(洞然明白)  환하게 명백하리라.

승찬(僧璨) 선사, 『신심명(信心銘)』

# 3

# 업, 결과를
# 초래하는 힘

## 1)
## 업은 돌고 도는
## 숙명이 아니다

용어는 그것을 사용하는 이가 어떻게 쓰고 있는가에 따라 의미
가 다르게 드러납니다. 용어는 같은데 그 용어에 대해 서로 다르
게 이해하는 경우도 있습니다. 서로 다른 사상 체계에서도 그렇
고, 같은 사상 체계 내에서도 그렇습니다. 이에 필자는 '같은 용
어를 사용한다고 해서 같은 뜻이 아닐 수 있고 다른 용어를 사용
한다고 해서 다른 뜻이 아닐 수 있다'고 강조하였습니다.

　'업'이란 말은 다양하게 이해되는 용어 가운데 하나입니다.
보통 '업'이라고 할 때, 어쩔 수 없는 숙명의 의미로 많이 받아들
입니다. 업을 이러한 숙명의 의미로 볼 때 '업'은 끝없는 반복의
의미를 가집니다. 가령, 지금 어떤 행위를 하여 다음에 어떤 과보
를 받고, 그 과보가 다시 원인이 되어 또 다른 과보를 받고, 이렇

게 끝없이 이어져 나가는 것으로 받아들입니다. 이럴 경우, 최초의 행위에 의해 이후 행위가 모두 결정되어져 지금 나의 행위는 전적으로 나의 의지로 인한 것이 아니게 됩니다. 이 모든 것은 앞선 행위에 결정되어 나의 의지와 상관없이 순환할 뿐입니다.

그런데 부처님 가르침에서 '업'이란 결코 그런 의미가 아닙니다. 업이란 범어 카르마(karma)의 번역으로, 본래 '행위'라는 뜻입니다. 『대비바사론』 제113권에서는 업에 대해 세 가지 의미를 언급합니다.

(문) 무엇 때문에 업(業)이라고 이름하는가? 업에는 무슨 의미가 있는가?
(답) 세 가지 의미가 있기 때문에 업이라고 이름한다. 첫째는 작용 때문이다. 둘째는 법식(法式)을 갖기 때문이다. 셋째는 결과를 분별하기 때문이다.

『대비바사론』 제113권

즉, 첫째 '작용'이 곧 업입니다. 이는 업의 가장 넓은 의미이다. '작용', '행동', '조작'이라는 뜻이 있기 때문에 업이라고 합니다. 둘째 '법식을 갖기 때문이다'에서 '법식'은 의식(儀式)을 말합니다. 수계, 참회 등 계율에 관한 행사를 할 경우 의식상의 작법을 의미합니다. 이 경우 '갈마(羯磨)'라고 음역합니다. 가령, '백사갈마(白四羯磨)'라는 것은 한 번 대중들에게 내용을 알리고 세 번 가부를 묻는 의식 진행 방법을 말합니다. 셋째 '결과를 분별하기 때문이다'는 능히 선악의 행위에 따라 그 결과를 가져오는데, 그 힘을 업이라고 합니다.

첫째 의미와 셋째 의미가 보통 말하는 업의 의미입니다. 특히 셋째 '결과를 가져오는 힘'이라는 의미로 업을 많이 받아들입니다. 그런데 셋째 의미를 간혹 앞서 언급한 숙명으로 이해할 수 있습니다. '지금 나의 행동은 과거의 결과이다. 마찬가지로 과거의 결과로 일어난 지금의 행동이 원인이 되어 나중에 또 다른 결과를 생기게 한다.' 이렇게 순환하는 업으로 이해할 수 있습니다. 그러나 그 업의 결과는 그렇게 끝없이 돌고 도는 것이 아닙니다.

'이숙(異熟)'이라는 용어가 있습니다. 업으로 인해 받은 과보를 이숙 또는 이숙과(異熟果)라고 합니다. '다르게 익었다', '다르게 성숙하였다'는 뜻입니다. 그럼 무엇이 다르게 성숙하였을까요? 바로 업의 과보가 원인이었던 업과 '다르게 성숙하였다'는 뜻입니다. 원인인 업은 선 또는 악이었는데, 그 과보는 낙(樂) 또는 고(苦)이지만 그 과보 자체는 선도 아니고 악도 아니라는 것입니다. 선도 아니고 악도 아닌 것을 무기(無記)라고 합니다. 선 또는 악이었던 것이 무기로 되었으니 '다르게 성숙하였다'는 것입니다.

예를 들면, 착한 일을 해서 표창장을 받았다고 할 때, 표창장을 받는 것은 즐거움이겠지만 표창장 받은 것 자체가 또 착한 업은 아닙니다. 나쁜 일을 하여 교도소에 갔는데, 교도소에 간 것은 괴로움이지만 교도소 간 것 자체가 또 나쁜 업은 아닙니다. 좋은 일을 해서 표창장을 받은 것은 표창장을 받은 것으로 끝났고, 나쁜 일을 해서 교도소를 간 것은 교도소를 간 것으로 끝났습니다.

표창장을 받은 것이나 교도소에 간 것은 선도 아니고 악도 아닙니다. 표창장을 받은 것과 교도소에 간 것에 따라 또 업보를 받지 않습니다. 이를 무기(無記)라고 합니다. '선악을 나타내지 않는다'는 뜻입니다. 업보와 관련하여 '뒤를 기별하지 않는다'라고 해석할 수도 있겠습니다.

물론 업의 결과가 조건이 되어 우리는 또 업을 지을 수 있습니다. 그러나 그것은 단지 간접적인 조건일 뿐 직접적인 원인은 아닙니다. 표창장을 받고도 이후 자신의 행동에 의해 나쁜 결과를 초래하는 경우도 있고, 교도소에 갔어도 이후 자신의 행동에 의해 좋은 결과를 초래하는 경우도 있습니다.

따라서 불교에서 말하는 업은 자유의지가 사라진 숙명적인 순환은 결코 아닙니다. 업이 숙명적인 순환이라면 부처님은 우리에게 수행하라고 당부할 필요가 없었습니다. 언제였는지 모르지만 그때 한 행동에 의해 모든 것이 도미노처럼 진행되기 때문입니다. 부처님께서 인과법을 강조하고자, 나아가 우리로 하여금 지금 이 자리에서 늘 새롭게 정진하라는 뜻에서 업을 말씀하셨습니다.

## 2)
### 사(思, 의지 작용),
### 업의 본질

불교에는 숫자가 많이 나옵니다. 특히 백팔, 팔만사천 등은 일반
인도 불교용어로 알고 있는 숫자입니다. 그런데 꼭 그 숫자만큼
의 수를 의미하지 않습니다. 헤아릴 수 없이 많은 수를 그 숫자
로 대표하여 드러내기도 합니다. 또는 어떻게 분류하는가에 따
라 그 숫자가 높거나 낮거나 하는 경우도 있습니다. 업을 이야기
할 때도 그렇습니다. 업을 헤아리면 백팔, 팔만사천 또는 그 이상
의 업이 있겠지만, 보통 업을 이야기할 때 신구의(身口意) 삼업(三
業), 십악업(十惡業) 또는 십선업(十善業) 등으로 헤아립니다.

　십악업은 불교의식에 널리 독송되는 『천수경』 가운데 등장합
니다. 그 열 가지는, 살생(殺生), 도둑질[투도(偸盜)], 그릇된 음행[사음
(邪婬)], 거짓말[망어(妄語)], 꾸밈말[기어(綺語)], 이간질[양설(兩舌)], 험악
한 말[악구(惡口)], 탐욕[탐애(貪愛)], 성냄[진에(瞋恚)], 어리석음[치암(癡暗)]
입니다. 이에 반해 착한 업 열 가지는, 불살생, 불투도, 불사음, 불
망어, 불기어, 불양설, 불악구, 불탐욕, 부진에, 불치암입니다. 이
처럼 십선업은 십악업 앞에 모두 '불(不)'을 넣어 '하지 마라'라고
하여 다소 소극적인 측면으로 이야기는 경우도 있지만 다음과 같
이 적극적인 자비행으로 십선업을 이야기하기도 합니다.

　모든 생명을 살려 주라[방생(放生)], 부지런히 힘써라[근면(勤勉)],
바르고 맑은 행동을 하라[정행(正行)], 바른 말을 하라[정어(正語)], 실

다운 말을 하라[실어(實語)], 참다운 말을 하라[진어(眞語)], 사랑스런 말을 하라[애어(愛語)], 모두에게 골고루 베풀어라[보시(布施)], 모두를 자비심으로 대하라[자비(慈悲)], 슬기롭게 생각하라[지혜(智慧)].

악업에 의해 우리의 삶이 돌고 돌며 괴롭기 때문에 부처님께서는 십악업을 경계하고자 적극적인 십선업보다는 십악업을 드러내어 말씀하셨는지도 모릅니다. 그리고 이상 열 가지 업은, 그보다 많은 업 가운데 두드러진 것, 즉 대표적인 업입니다. 다시 언급하지만, 불교에서는 '갑'을 말하였다고 해서 '갑'만 말한 것이 아닌 경우가 종종 있습니다. 두드러진 '갑'을 통해 나머지를 포함하여 이야기하기도 합니다.

이 열 가지 업 가운데, 편의상 십악업을 통해 살펴보자면, 앞의 세 가지 살생, 도둑질, 그릇된 음행은 몸으로 짓는 업인 신업(身業)에 해당되고, 그 다음 거짓말, 꾸밈말(사탕발림), 이간질, 험악한 말은 입으로 짓는 업인 구업(口業)에 해당되며, 끝에 있는 탐욕, 성냄, 어리석음은 마음으로 짓는 업인 의업(意業)에 해당됩니다. 특히 마지막 의업인 탐애, 진에, 치암은 중생의 삶을 근본적으로 옭아 매는 것으로 탐진치 삼독(三毒)이라고 합니다.

한편 이러한 삼업인 신업, 구업, 의업도 사업(思業)과 사이업(思已業)으로 분류합니다. 『중아함경』 제27권 「달범행경」을 보면, "업에 두 가지가 있다. 사업과 사이업이다."라고 언급되어 있습니다. 물론 그것에 대한 구체적인 설명이 없기 때문에 이후 논사들에 의해 논쟁이 있기도 합니다. 우선 쉽게 풀이해보면 '사업'은 '생각으로 지은 업'으로 바로 의업을 말하고, '사이업'은 '생각하고서 지은 업'으로 신업과 구업을 말합니다. 즉, 신업과 구업은 독자적으로 일어난 업이 아니라, 의업을 전제로 일어난 업이 되기 때문에, 신구의 삼업 가운데 중심은 바로 의업입니다.

그렇다면, 의업에는 앞서 언급한 탐진치 삼독 이외에도 촉(觸, 부딪침), 수(受, 받아들임, 감수 작용), 상(想, 모습 지음, 표상 작용) 등 다른 마음 작용도 있는데, 왜 '사(思)'라는 용어를 등장시켜 사업 혹은 사이 업이라고 할까요?

앞에서 살펴보았듯이 우리에게 인식이 일어나려면 전체로 인식하는 주된 마음인 안식, 이식, 비식, 설식, 신식, 의식 등이 있어야 하고, 아울러 그에 수반되는 부수적인 마음이 있어야 합니다. 주된 마음을 심왕(心王)이라 하고, 수반되는 부수적인 마음을 심소법(心所法)이라고 합니다. 오온에서 식온이 심왕이고 수온, 상온 등이 바로 심소법입니다. 수, 상 이외에도 많은 심소법이 있는데, 그것은 행온에 포함됩니다.

보통 '사(思)' 심소법을 '의지 작용'으로 풀이합니다. 즉, 업의 뜻을 '조작'이라고 볼 때, 그에 맞아떨어지는 마음 작용이 바로 '사(思)' 심소입니다. 어떤 이는 '사(思)'를 파자(破字)하여 풀이합니다. "마음[心]의 밭[田]에 씨를 뿌리면 얼마나 많은 것이 생겨나겠는가?"

이처럼 마음의 조작, 의지 작용에 의해 수많은 업이 펼쳐집니다. 좋은 업이든 나쁜 업이든. 염불을 할 때 손으로는 합장하거나 염주를 돌리고(신업), 입으로는 불보살님의 명호를 외우고(구업), 머리로는 불보살님을 생각합니다(의업). 손으로 염주를 돌리는 동안 손으로 다른 나쁜 짓을 하지 못합니다. 입으로 불보살님의 명호를 외우는 동안 다른 나쁜 말을 하지 못합니다. 머리로 불보살님을 생각하는 동안 엉뚱한 생각을 하지 못합니다. 물론 머리로 불보살을 끊임없이 생각하기란 쉽지 않습니다. 손과 입은 염주를 굴리고 명호를 외우지만 마음은 사방 천지를 헤매고 있으니 말입니다. 그 마음을 다스려 모든 것이 하나가 될 때 불보살님의 가피가 함께 합니다.

### 3)
### 공업(共業), 사람에게는 물로
### 아귀에게는 피고름으로

어떤 것을 보고 듣고 생각하고 알게 되면, 우리 마음 밖에 그것이 실재한다고 봅니다. 그러나 따지고 보면 그것은 결코 그렇게 있지 않습니다. 원효 스님이 먹었던 달콤한 물이 실제로 그렇게 있었습니까? 원효 스님에게 구역질을 일으키는 작용이 해골 물에 있었습니까? 만약 해골 물을 모르고 마시면 무병장수하고 그 사실을 원효 스님이 알고 계셨다고 한다면, 원효 스님은 구역질이 아니라 쾌재를 불렀을 것입니다. 단지 마음에 의해 그렇게 보고 듣고 느끼고 알게[견문각지(見聞覺知)] 된 것일 뿐입니다. 여기서 견문각지는 '보고 듣고 깨달아 안다'는 뜻이 아니라 '보고 듣고 느끼고 안다'로 6식의 작용을 말합니다. 견(見)은 안식에, 문(聞)은 이식과 비식에, 각(覺)은 설식과 신식에, 지(知)는 의식에 해당됩니다. 나에게 펼쳐진 세상은 견문각지라는 분별을 통해 드러난 것으로, 세상 자체는 내가 본 것처럼 그렇게 있지 않습니다. 나에게 펼쳐진 세상은 내가 본 세상이지 세상 그 자체는 아닙니다.

그러나 인식이 일어나는 순간, 분별이 일어나는 순간, 그것이 그렇게 있다고 당연하게 여깁니다. 즉 나에게 펼쳐진 것을 저 밖에 그렇게 실재한다고 봅니다. 이를 희론(戱論)이라고 합니다. 보통 희론을 '말장난'이라는 뜻으로 풀이하지만, 그렇게 단순한 용어가 아닙니다. 마음의 연기법을 이해하는 데 중요한 용어 가운데 하나가 희론입니다. 우리 앞에 펼쳐진 것은 마음 밖에 실재하지 않는데도 그것을 대상으로 세워 객관화하고 실체화합니다. 이를 희론이라고 합니다. '마음 밖에 수건이 있어 나는 수건을 본다', '마음 밖에 찻잔 받침대가 있어 나는 찻잔 받침대를 본다'고 당연시 여기는 것을 말합니다.

부처님께서는 이러한 희론을 깨우치게 하시고자 연기법을 말씀하셨습니다. 용수보살은 『중론』에서 "인연을 말씀하시어 모든 희론을 사라지게 하셨네."라고 하며 부처님께 예를 올립니다. 즉 인연으로 일어난 것은 그것에 그것이라고 할 자성이 없습니다. 그것이라고 할 자성이 없기 때문에 공(空)이라고 합니다. 유식에서는 유식무경(唯識無境)이라고 하여 오직 마음이고 대상은 없다고 합니다. 마음이 만든 것이고 마음을 떠나서 마음 밖에 따로 없다는 것입니다.

이렇게 말합니다. "내 앞에 있는데 왜 없다고 그래." 그런데 내 앞에 있는 것을 아예 부정하여 없다고 하는 것이 아닙니다. 단지 내 앞에 있는 것은 자기 마음으로 만든 것이지 그 자체가 아니라는 것입니다. 마음의 인연 화합으로 그렇게 드러난 것일 뿐이라는 것입니다. 그것에 그것이라고 할 고정된 실체가 없다는 것입니다. '세상은 네가 본 것처럼 그렇게 있지 않다'는 말입니다. '그렇게 너는 네가 본 것을 바로 그 세상이라고 하는데, 그것이 아니라'는 것입니다.

그러면 또 이렇게 말합니다. "나만 그렇게 생각하는 것이 아니고, 다른 사람도 똑같이 그렇게 생각한다. 가령 나에게도 강물로 보이고 저 사람에게도 강물로 보인다. 강물이 그렇게 있으니 나도 그렇게 보고 저 사람도 그렇게 보는 것이 아닌가?"

대부분 이 점 때문에 희론이 정당화됩니다. 나만 그렇게 생각하고 나만 그렇게 본다면 그것이 아니구나 하겠지만, 나만 그렇게 보는 것이 아니고 다른 이도 그렇게 보니 그것이 그렇게 있으니 그렇게 본다고 여기는 것이 당연합니다.

그런데 앞에서 "사람에게 강물로 보이지만, 아귀에게는 피고름이 흐르는 것으로 보이고, 하늘 중생에게는 보석으로 보이고, 물고기에게는 집이나 길로 보인다."고 하였습니다. 즉, 우리는 모두 인간이기에 그것이 강물로 보이지, 인간이 아닌 다른 중생이라면 다르게 보인다는 것입니다. 따라서 강물은 '우리가 보는 강물'이지 그 자체가 아닙니다. 보통 이 말에 쉽게 수긍하지 않습니다. 인간과 다른 세계인 아귀니 하늘 중생이니, 어찌 보면 황당한 예를 들었다고 보기 때문입니다.

여기에 공업(共業)이라는 개념을 가져와 봅니다. 일반적으로,

다수에게 공통된 일이 일어날 때 공업(共業)이라고 합니다. 재앙이 일어나면 '공업이야' 하고 말하는 것이 그 예입니다. 이때 업의 의미는 운명과 관련됩니다. 그런데 업은 인식 작용과도 관련됩니다. 업을 '조작', '작용', '행동', '결과를 초래하는 힘'이라고 하였습니다. 저것이 강물이라는 것을 어떻게 알까요? 이전에 저러한 것을 강물이라고 한다는 인식 '작용'(업)이 있었습니다. 이것이 '결과를 일으키는 힘'(업)인 정보(대상에 대한 내용)가 되어 인식 근간 어딘가에 있었다가 지금 그것을 보고 강물이라고 인식합니다. 이전에 강물에 대한 정보가 없었다면 지금 강물을 볼 때 자신이 알고 있는 정보에 따라 보일 것입니다. 가령 이전에 호수만 보았다면, 호수가 흘러간다고 여길 것입니다. 인간인 이상 강물이 피고름이나 보석으로는 보이지 않을 것입니다.

강물의 비유가 마음에 들지 않는다면 이 비유는 어떻습니까? 반복해서 언급합니다. 개가 짖습니다. 뭐라고 짖습니까? '멍멍' 짖는다고요? 그런데 미국인은 '바우와우' 짖는다고 하네요. 같은 개 짖는 소리를 듣고서 한국인과 미국인이 다르게 이야기합니다. 한국인에게 개는 '멍멍' 짖는다고 인식되어 왔고, 외국인에게 '바우와우' 짖는다고 인식되어 왔습니다. 개는 '멍멍' 짖는다고 여기는 것이 이 땅 한국에 사는 사람들의 공업입니다. 마찬가지로 강물로 보이는 것은 인간의 공업 때문입니다. 인간이 아닌 경우 강물로 보인다고 단정할 수 없습니다. 그들도 그들의 공업이 있을 것이기 때문입니다. 따라서 세상은 우리가 보는 것처럼 그렇게 있지 않습니다.

# 4

# 번뇌, 돌고 도는
# 윤회의 씨앗

## 1)
## 번뇌를 일컫는
## 다양한 용어

우리의 삶은 다람쥐 쳇바퀴 돌 듯이 돌고 돕니다. 이번 생에서만
돌고 도는 것이 아니라, 다음 생으로 이어져 끊임없이 돌고 돕니
다. 이를 보통 윤회라고 합니다. 이 생이 다하고 다음 생으로 이
어지는 것도 생사윤회이지만, 지금 이 순간 끊임없이 마음이 일
어났다가 사라지는 것도 생사윤회입니다. 옛 말씀에 "마음이 일
어나는 것을 생(生)이라 하고, 마음이 사라지는 것을 사(死)라 하
네."라고 하였습니다.

　이 글을 읽는 지금 이 순간에도 마음은 일어났다 사라졌다
끊임없이 이어집니다. 그리고 생각이 꼬리에 꼬리를 물고 일어
납니다. 지나간 과거에 마음 아파하고 일어나지 않은 미래까지
가져와 번민합니다. 단지 이 끊임없이 헐떡거리는 마음만 내려

놓으면 되는데, 그렇게 쉽지 않습니다. 그런데 옛 스님들은 세수하면서 코 만지는 것보다 쉽다고 하고, 손 뒤집는 것보다 쉽다고 합니다. 마음 한 번 돌이키면 된다는 것입니다. 누가 재미있는 예를 듭니다. 여자가 남자에게 이별을 고하며 등을 돌리고 떠나는 순간입니다. 남자가 여자에게 말합니다. "그렇게 떠나면 지구 한 바퀴를 돌아야 나를 만나지만, 지금 당장 돌아서면 나를 만나게 된다." 옛 스님의 말씀과 재미있는 비유에도, 마음속에 무엇이 그렇게 가득 들어 있는지, 단지 재미있는 이야기로 들릴 뿐 헐떡거리는 마음을 내려놓지를 못합니다.

> 부처님이 열반의 궁전을 장엄한 것은 오랜 시간 동안 탐욕을 버리고 고행하였음이고, 중생이 불타는 집에 윤회하는 것은 한량없는 세월 동안 탐욕을 버리지 못했음이라.
>
> 원효 스님, 『발심수행장』

이렇듯 우리가 열반에 이르지 못하고 불타는 삼계에 윤회하는 것은 탐욕 때문입니다. 여기에서는 수행과 관련하여 번뇌의 대표 선수로 '탐욕(특히 애욕)'만 언급하였지만, 탐진치(貪瞋癡) 삼독(三毒)을 비롯하여 모든 번뇌를 포함합니다.

번뇌! 몸과 마음을 번거롭고 어지럽고 핍박하고 괴롭게 하기 때문에 번뇌라고 합니다. 어원적으로는 '집착하는', '물들이는', '더럽히는'이라는 뜻에서 생긴 말입니다. 무엇인가를 집착하기 때문에 마음을 끊임없이 물들이고 더럽히며, 그에 따라 마음에 온갖 고통이 함께 일어납니다. 이에 경전에서는 번뇌를 루(漏), 폭류(暴流), 액(軛), 취(取), 결(結), 박(縛), 전(纏), 구(垢), 염오(染汚), 개(蓋), 혹(惑), 수면(隨眠) 등 여러 용어로 사용합니다.

　마음으로부터 새어나오는 것이라는 뜻에서 루(漏, 새어나오다)라 하고, 홍수가 마을과 숲을 휩쓸어 가는 것처럼 번뇌가 착한 성품을 휩쓸어 간다고 하여 폭류(暴流)라 합니다. 소가 멍에에 의해 수레와 연결되어 무거운 짐을 끌고 가는 것과 같이 중생이 번뇌에 의해 생사의 고통을 감당해야 하기에 액(軛, 멍에)이라 합니다. 번뇌가 생사의 결과를 갖게 하기에 취(取)라 하고, 번뇌가 마음을 묶어 생사의 고통과 함께 하게 하기 때문에 결(結, 맺다) 또는 박(縛, 묶다) 또는 전(纏, 묶다)이라고 합니다. 스스로도 오염되었을 뿐만 아니라 다른 것도 오염시키기 때문에 구(垢, 더럽히다) 또는 염오(染汚)라고 하고, 번뇌가 착한 마음을 덮어서 일어나지 못하게 하기 때문에 개(蓋, 덮다)라고 하고, 번뇌는 마음을 미혹하게 하므로 혹(惑)이라고 합니다. 잠[眠]은 즐길수록 더 늘어나는 것과 같이 번뇌가 중생을 따라서[隨] 잘못을 더하기[이때 면(眠)은 더함의 뜻입니다] 때문에 수면(隨眠)이라고 합니다.

　이러한 다양한 이름을 번뇌의 다른 이름으로 사용하기는 하지만, 아무 번뇌에다 다 붙여 사용하는 것은 아닙니다. 대부분 특정 번뇌들을 묶어 사용합니다. 가령, 삼독(三毒)하면 탐진치를 말하는 것처럼, 폭류는 사폭류(四暴流)로 욕폭류(欲暴流), 유폭류(有暴流), 견폭류(見暴流), 무명폭류(無明暴流)를 말하며, 개(蓋)는 오개(五蓋)로 욕탐개(欲貪蓋), 진에개(瞋恚蓋, 성냄), 혼침개(昏沈蓋, 침체), 도거개(掉

擧蓋, 들뜸), 의개(疑蓋, 의심)를 말합니다.

특히 수면(睡眠)에 대해 부파불교에서는 다른 견해가 있었습니다. 설일체유부는 수면을 번뇌와 동일한 것으로 보았습니다. 반면 경량부는 수면을 말 그대로 '잠자고 있는 번뇌'로 보았습니다. 번뇌가 지금 비록 일어나고 있지는 않지만, 마음 한 곳에 잠자고 있다가 여건이 되면 일어난다는 것입니다. 이때 일어난 번뇌를 전(纏)이라고 하였습니다. 즉, 경량부는 번뇌가 일어나지 않고 잠자고 있을 때를 수면, 번뇌가 일어났을 때를 전으로 구별하였습니다. 이러한 경량부의 견해는 이후 대승불교인 유식사상으로 이어집니다.

기도를 하면 어느 정도 편안한 마음이 지속됩니다. 그러나 곧 마음은 밖으로 치달리기 시작합니다. 이른바 기도발이 다 되어 버린 것입니다. 기도발이 있을 때 마음이 편안한 것은 단지 번뇌가 일어나지 않은 것이지 그 씨앗마저 없어진 것은 아닙니다. 그렇게 번뇌는 잠자고 있다가 조건이 되면 고개를 내밀고 일어납니다. 유식불교 용어로 잠자고 있을 때를 '종자(種子)'라고 하고, 일어났을 때를 '현행(現行)'이라고 합니다. 즉, 그 순간 번뇌는 단지 '현행'하지 않을 뿐이지 번뇌 '종자'는 여전히 마음의 창고 안에 싱싱하게 저장되어 있습니다. 따라서 한 순간 수행이 잘 된다고, 잠시 수행의 성과물을 얻었다고 자만하지 말아야 합니다. 어느 순간 번뇌가 마음의 밭에 여름날 풀처럼 자라고 있을지 모릅니다.

## 2)
## 백팔번뇌

부처님 가르침을 펼치면 8만 4천 법문 또는 그 이상 펼쳐지는 것처럼, 번뇌도 펼치면 8만 4천 번뇌 또는 그 이상 펼쳐집니다. 그 많은 번뇌는 무명(無明), 즉 어리석음이 중심이 됩니다. 이 어리석음에 의해 온갖 번뇌가 함께 일어나 고통의 바다에 생사윤회합니다.

이러한 무명을 중심으로 번뇌를 펼치면 탐욕, 성냄, 어리석음인 탐진치(貪瞋癡) 삼독(三毒)으로 펼쳐지고, 더 나아가 탐(貪, 탐욕), 진(瞋, 성냄), 치(癡, 어리석음), 만(慢, 자만), 의(疑, 의심), 악견(惡見, 그릇된 견해) 등 여섯 가지 근본번뇌로 펼쳐집니다. 그리고 이에 따라서 더 많은 번뇌가 펼쳐집니다.

그런데 보통 번뇌에 대해 널리 알려진 말로는 '백팔번뇌'가 있습니다. 글을 쓰고 있는 이 순간에도 백팔번뇌와 관련된 유행가 가사가 절로 흥얼거려집니다. "염주 한 알 생의 번뇌♪ 염주 두 알 사의 번뇌♩ 백팔염주 마디마디♬" 그런데 보통 백팔번뇌라는 말만 들었지, 정확하게 백팔번뇌의 내용에 대해서는 알지 못합니다. 또 모른다고 해서 그렇게 궁금증도 있어 보이지도 않습니다. 뭔가 복잡하다는 것을 벌써 직감적으로 알고 있기 때문에 궁금증이 없지 않은가 합니다.

우선 '백팔'이라는 숫자도 번뇌 개수가 108개라는 뜻도 있지만, 굳이 108개 하나하나 번뇌를 몰라도 '그만큼 번뇌가 많구나'

하는 정도로 이해해도 좋습니다. 8만 4천이라는 수가 꼭 8만 4천이라는 수가 아니고 많다는 뜻이 있는 것처럼 '백팔'이라는 수도 꼭 108개가 아니라 많은 수를 나타내기도 합니다.

그러나 이왕 '백팔번뇌'를 언급한 김에 '108'이라는 숫자가 어떻게 나왔는지 살펴보고자 합니다. 크게 세 가지가 있습니다.

첫째, 번뇌는 마음 작용과 관련됩니다. 따라서 인식이 일어나는 근거에 의하여 계산합니다. 안이비설신의(眼耳鼻舌身意) 등의 인식 기관인 6근(根)이 색성향미촉법(色聲香味觸法) 등의 인식 대상인 6경(境)을 대상으로 할 때, 세 가지 감정이 생깁니다. 즉, 괴롭다[고수(苦受)]고 하거나 즐겁다[낙수(樂受)]고 하거나 괴롭지도 즐겁지도 않다[사수(捨受) 또는 불고불락수(不苦不樂受)]고 합니다. 그리하여 6×3으로 18이 됩니다. 이 18종에 대해 각각 더럽다[염(染)]고 하거나 깨끗하다[정(淨)]고 합니다. 또는 탐내거나[탐(貪)] 탐내지 않거나[무탐(無貪)] 합니다. 그리하여 18×2로 36이 됩니다. 그리고 각각에 다시 과거·현재·미래의 경우가 있습니다. 그리하여 36×3으로 108이 됩니다.

둘째, 6근이 6경을 대상으로 할 때, 고수·낙수·사수뿐만 아니라 좋다[호(好)]고 하거나 싫다[오(惡)]고 하거나 좋지도 않고 싫지도 않다[평(平)]고 합니다. 그리하여 6×(3+3)으로 36이 됩니다. 여기에 각각 과거·현재·미래의 경우가 있습니다. 그리하여 36×3으로 108이 됩니다.

이상 두 경우는 구체적인 번뇌의 모습을 언급한 것이 아니라 인식을 통해 일어나는 경우의 수를 계산하였습니다. 반면에 다음은 구체적인 번뇌의 모습을 통해 계산합니다. 이것은 부파불교(아비달마불교)에서 등장하는 내용입니다. 그래서 다소 복잡하여 우리를 좀 힘들게 합니다. 그렇지만 '그런 것이 있구나' 하는 정도로 언급하고자 합니다.

앞서 6종의 근본번뇌를 언급하였습니다. 탐(貪), 진(瞋), 치(癡), 만(慢), 의(疑), 악견(惡見) 등입니다. 마지막 악견은 다시 유신견(有身見), 변견(邊見), 사견(邪見), 견취견(見取見), 계금취견(戒禁取見)으로 나누어져 총 10종이 됩니다.

이러한 번뇌는 고제의 지혜에 의해 끊어지는 번뇌가 있고, 집제·멸제·도제의 지혜에 의해 끊어지는 번뇌가 있습니다. ― 여기서 고제·집제·멸제·도제는 사성제를 말합니다. 사성제는 이후 수행과 실천편에서 살펴보겠습니다. ― 사성제의 지혜로 끊어지는 번뇌는 사성제의 도리를 보았기(깨달았기) 때문에 끊어진 번뇌라 하여 견혹(見惑)이라고 합니다. 그리고 사성제의 지혜에 의해 끊어지지 않는 번뇌도 있습니다. 이는 이후 더 깊은 수행을 통해 끊어지는 번뇌이기 때문에 수혹(修惑)이라고 합니다. 5견과 의는 견혹에 해당되고, 탐, 진, 만, 의는 견혹과 수혹 두 종류가 있습니다. 여기서 끝나지 않습니다. 또한 번뇌는 욕계, 색계, 무색계에 각각 연결되어 구분됩니다. 예를 들면 욕계의 탐욕은 끊기 쉽지만 색계, 무색계의 탐욕은 상대적으로 끊기 어렵습니다. 그리고 색계, 무색계에는 진을 일으켜야 하는 대상이 없기 때문에 진이 없습니다. 그리하여 각각 삼계에 있는 견혹, 수혹을 이렇게 저렇게 계산하여 욕계의 번뇌는 36종, 색계의 번뇌는 31종, 무색계의 번뇌는 31종으로 총 98종이 됩니다. 여기에 다시 근본번뇌에 따라서 일어나는 10종의 수번뇌(隨煩惱)를 합쳐 총 108번뇌가 됩니다.

아무리 많은 번뇌가 있다 하더라도 착한 마음으로 신명나게 정진해나간다면 번뇌는 단지 종자로 있을 뿐 현행하지 못합니다. 그리고 그 번뇌 또한 실체가 없는 것, 그 모습을 바로 깨쳐 안다면 '백 겁 동안 쌓인 죄가 한 순간에 모두 사라진다[백겁적집죄(百劫積集罪) 일념돈탕진(一念頓蕩盡)]'는 경전의 말씀처럼 평온한 마음이 자리합니다.


### 3)
### 여섯 가지
### 근본 번뇌


괴로움과 번뇌! 일상 생활에서는 거의 비슷한 뜻으로 사용하고 있습니다. 국어사전을 보더라도 번뇌를 '마음이 시달려서 괴로움'이라고 풀이하고 있습니다. '괴로움[고(苦)]'이니 '번뇌'니 하는 용어를 불교 교리에 근거하여 살펴보면, '괴로움'과 '번뇌'는 다소 다른 용어입니다.

'십이연기' 등 돌고 도는 우리의 삶을 설명할 때, 혹(惑)·업(業)·고(苦)라는 표현을 사용합니다. 이때 '혹'은 깨달음을 장애하는 미망의 마음인 '번뇌'를 말합니다. 번뇌는 우리의 마음을 미혹하게 하므로 혹(惑)이라고 합니다. 이러한 번뇌에 의해 온갖 마음 작용으로 업(業)을 짓고, 그것에 의해 괴로움[고(苦)]에 허우적거립니다. 다시 말하면 번뇌가 원인이라면, 괴로움은 그 결과에 해당됩니다. 물론 다시 그 결과인 괴로움이 원인이 되어 미혹한 마음인 번뇌를 일으킵니다.

고집멸도(苦集滅道) 사성제(四聖諦)를 설명할 때에도, 고성제(苦聖諦)가 결과이고, 집성제(集聖諦)가 원인입니다. 이때 고성제는 '괴로움'을 나타내고 집성제는 '번뇌'인 갈애(渴愛)를 나타냅니다. 따라서 번뇌는 원인이 되고, 괴로움은 결과가 됩니다. 또는 번뇌에 의해 드러난 모습이 바로 괴로움입니다.

이처럼 괴로움을 일으키는 대표 번뇌에 대해, 어떤 경전에는 어리석음[치(癡)]인 '무명(無明)'을 중심으로, 어떤 경전에는 '탐욕'을 중심으로, 어떤 경전에는 성냄인 '진(瞋)'을 중심으로 탐진치(貪瞋癡) 삼독(三毒) 등을 언급합니다. 이에 부처님 가르침을 체계화한 아비달마논서에서는 번뇌 가운데 매우 주된 여섯 가지 번뇌를 뽑아 근본번뇌 또는 번뇌심소라고 합니다. 그것은 바로 탐(貪, 탐욕)·진(瞋, 성냄)·치(癡, 어리석음)·만(慢, 자만)·의(疑, 의심)·악견(惡見, 그릇된 견해)입니다.

탐(貪, 탐욕)·진(瞋, 성냄)·치(癡, 어리석음)는 삼독(三毒)이라고 표현할 만큼, 우리로 하여금 고통의 바다에서 헤매게 하는 가장 근본이 되는 번뇌에 해당됩니다. 탐욕은 좋아하는 대상을 가지고자 집착하는 마음입니다. 성냄은 좋아하지 않거나 괴로움을 일으키는 대상에 대해 미워하거나 화를 내는 마음입니다. 화를 내는 순간 우리는 모든 일을 그르치게 되어 괴로움에 빠집니다. 어리석음인 치(癡)는 무명(無明)이라는 용어가 더 유명합니다. 무명(無明)에서 '명(明)'은 지혜를 말합니다. 따라서 무명이란 '지혜가 없다'는 뜻이 됩니다. 어리석음이란 진리에 대한 무지를 말합니다. 연기와 사성제의 도리를 모르고, 선악도 모르고, 참다운 인생관도 없으니 인생의 고뇌와 불행이 생기는 것은 당연한 일입니다.

자만인 만(慢)은 자신을 믿고 다른 사람에 대하여 자신을 높이 추켜세우는 마음을 말합니다. 만약 자만이 있다면 뛰어난 가르침과 스승에 대하여 겸손히 낮추지 않게 됩니다. 이로 인하여 생사윤회에 전전하는 것이 끝이 없어 모든 고통을 받게 됩니다. 그런데 이러한 자만에도 여러 종류가 있습니다. 자신을 지나치게 높이거나, 자신을 뛰어난 사람보다 높다고 하거나 그와 동등하다고 하는 등입니다. 그 가운데 비만(卑慢)에 대한 설명이 재미있습니다. 낮출 '비(卑)' 자만 '만(慢)', 비만은 자신을 밖으로 겸손한 척 낮추면서도 속으로는 자신을 오히려 높게 평가하는 마음을 말합니다. 밖으로는 '보통 사람', '제가 뭘 알겠습니까' 겸손한 태도를 보이면서도 마음속으로는 '이렇게 말하면 사람들이 나를 겸손한 사람으로 좋게 평가하겠지' 하는 경우입니다. 또는 비만은 자기보다 월등하게 나은 자에 대해 자기는 조금 못할 뿐이라고 여기는 자만을 말합니다.

의심은 진리 및 진리에 의해 드러난 것에 대하여 주저하여 머뭇거리는 마음을 말합니다. 여기서 의심이란 단지 밖에 있는 사물을 보고 그것이 나무인지 사람인지 머뭇거리는 마음을 말하지 않습니다. 사성제의 가르침에 대해 주저하여 머뭇거리는 마음이 바로 의심에 해당됩니다.

그릇된 견해인 악견(惡見)은 진리에 대해 전도되게 헤아리는 오염된 마음을 말합니다. 악견은 살가야견(薩迦耶見), 변견(邊見), 사견(邪見), 견취견(見取見), 계금취견(戒禁取見) 등 다섯 가지로 구별됩니다. 살가야견은 유신견(有身見)이라고도 하며, 오취온을 '나[아(我)]'니 '나의 것[아소(我所)]'이니 집착하는 마음을 말합니다. 이는 집착된 모든 견해의 바탕이 되는 견해입니다. 변견은 변집견(邊執見)이라고 하며, 자신의 견해에 따라 세상이 끝난다거나 영원하다거나 하는 등 한쪽으로 치우친 견해입니다. 이는 중도행(中道行)을 방해합니다. 사견은 살가야견 등 네 가지 견해를 뺀 나머지 그릇된 집착을 말합니다. 견취견은 자기가 가지고 있는 그릇된 견해가 가장 뛰어나서 열반을 얻을 수 있다고 집착하는 것입니다. 이는 자기 견해가 가장 뛰어나다고 집착하기 때문에 소위 소통과 화합이 없어 모든 싸움의 근거가 됩니다. 계금취견은 여러 견해에 따르는 계율을 집착하여 그 계율이 가장 뛰어나서 열반을 얻을 수 있다고 하는 것입니다. 일상 생활의 경우로 '세수를 하지 않으면 시험 점수가 좋다'거나, '속옷을 갈아입지 않으면 좋은 결과가 나온다' 등으로 비유될 수 있습니다.

이렇게 근본번뇌(根本煩惱)와 그에 따르는 수번뇌(隨煩惱)가 마음 곳곳에 스며들어 우리의 삶을 고통스럽게 합니다. 수행은 바로 이 번뇌인 혹(惑)을 다스립니다.

　　　　　　　　　　　　　　　　　⋮

　　　아무리 많은 번뇌가 있다 하더라도

　　착한 마음으로 신명나게 정진해나간다면

　　　　　번뇌는 단지 종자로 있을 뿐

　　　　　　　현행하지 못합니다.

　　　그리고 그 번뇌 또한 실체가 없는 것,

　　　　그 모습을 바로 깨쳐 안다면

　　　　　'백 겁 동안 쌓인 죄가

　한 순간에 모두 사라진다[百劫積集罪一念頓蕩盡]'는

　　경전의 말씀처럼 평온한 마음이 자리합니다.

# IV

# 수행과
# 실천

:

이처럼 계정혜 삼학은

서로 연결되어 있습니다.

계학에 의해 정학이 이루어지고,

정학에 의해 혜학이 이뤄집니다.

가령, 계의 그릇이 온전하고 견고해야

선정의 물이 맑게 고이고,

맑게 고인 물에 지혜의 달이 나타나게 됩니다.

반대로 계학은 정학에 의해 완전해지고,

정학은 혜학에 의해 완전해집니다.

# 1

# 교학은
# 수행의 나침반

무엇보다 교학을 통해 우리 삶이 현재 어떠한 모습이며, 따라서 왜 수행해야 하는지 수행의 필요성이 자연스럽게 드러나야 한다고 봅니다. 이러한 의미에서 긴 시간 연기법을 마음 작용의 측면에서 살펴보았습니다. 결국 우리가 수행한다는 것은 마음을 다스리는 것이기 때문입니다.

연기법을 보통 상호관계성으로 설명합니다. 그런데 필자는 연기법을 사물과 사물, 대상과 대상의 상호관계성으로 보지 않고, 마음 작용 간의 관계성으로 설명하였습니다. "이것이 있음으로 저것이 있다…"라는 부처님 말씀에서 '이것'과 '저것'은 사물이나 대상을 말하는 것이 아니라, 십이연기(十二緣起)의 각 지분인 무명(無明), 행(行), 식(識), 명색(名色), 육입(六入), 촉(觸), 수(受), 애(愛), 취(取), 유(有), 생(生), 노사(老死)를 말한다고 확인하였습니다. 즉 '무명이 있으므로 행이 있고 …' 등의 내용을 통해 '이것'과 '저것'은 십이연기의 각 지분이며, 각 지분은 마음 작용이라는 것을 알았습니다. 이러한 마음 작용으로 나에게 펼쳐졌음에도 실재 그렇게 있다고 여기는 것이 '유(有)'입니다. 마음 작용에 의해 주어진 것임에도 그렇게 생각하지 못합니다. 오히려 그것에 의해 '생겼다(生)' '사라졌다(老死)' 여기면서 스스로 고통의 덩어리를 만들어 함께 합니다.

　오온(五蘊)을 통해서도 연기법을 살펴보았습니다. 색온(色蘊), 수온(受蘊), 상온(想蘊), 행온(行蘊), 식온(識蘊)입니다. 그 가운데 색온을 중점적으로 살펴보았습니다. '색온'은 마음 밖에 별도로 있는 물질이 아니라, 대상에 대한 의미, 정보라고 하였습니다. 인식 작용이 일어나는 순간, 미리 마음속에 간직했던 대상의 의미가 드러나 그 대상을 인식한다고 하였습니다. 예를 들면 개가 짖는 순간, 우리는 그 실제 개 짖는 소리를 듣는 것이 아니라 우리 마음속에 저장되었던 '멍멍'(색온)이라는 개 짖는 소리를 듣습니다. 만약 개가 실제 '멍멍' 짖었다고 한다면 미국인도 개가 '멍멍' 짖는다고 해야 하는데, 그렇지 않습니다. 그들은 개가 '바우와우' 짖는다고 합니다.

　이렇든 나에게 펼쳐진 것은, 내가 이해한 것은, 실제 그것이 아니라 내가 기존에 가지고 있던 대상의 의미, 선입견으로 이해한 것입니다. 그런데 그렇게 생각하지 않습니다. 그것이 내 앞에 그렇게 있어서 내가 그렇게 받아들였다고 합니다. 다시 물어봅니다. '멍멍'이라는 개 짖는 소리가 개에게 있었습니까, 듣는 나에게 있었습니까? 개 짖는 소리뿐만 아니라 나에게 펼쳐진 모든 것이 다 그렇습니다. 더운 여름날 친구 집에서 얼굴을 씻고 수건을 찾아 닦았는데, 친구는 그것이 수건이 아니라 걸레라고 하였습니다. '수건' 그것이 저 밖에 있습니까, 나에게 있습니까? 원효 스님이 달콤하게 마신 물이 저 밖에 있습니까, 원효 스님에게 있습니까?

삼법인(三法印), 십이처(十二處), 십팔계(十八界)를 통해서도 연기법에 대한 가르침을 마음 작용 간의 관계성으로 살펴보았습니다. 필자는 연기법을 마음 작용 간의 관계성으로 보기 때문에 이를 강조하고자 가끔 '마음의 연기법'이라 이름합니다. 그러나 굳이 '마음의'라는 수식어를 붙일 필요는 없습니다. 연기법이 바로 마음 작용을 설명하는 것이기 때문입니다.

이렇듯 연기법은, 나에게 펼쳐진 세상은 나의 마음 작용에 의한 것이라고 하는 부처님 가르침입니다. 그런데 어리석음에 의해 중생들은 그렇게 생각하지 못합니다. 마음의 분별 작용에 의해 세상이 드러난 것인 줄 모르고 그것에 온갖 의미를 부여하며 울기도 하고 웃기도 하고 화내기도 합니다. 이러한 마음의 분별 작용을 다 내려놓은 상태가 열반이고, 해탈입니다. 『반야심경』에서 말합니다. '전도된 꿈의 생각에서 멀리 떠나라[원리전도몽상(遠離顚倒夢想)].' 마음으로 나타난 것인데 밖에 그렇게 있다고 여기니, 거꾸로 되었다(전도)고 한 것입니다. 꿈인데 생시라고 한다는 것입니다. '원리전도몽상'을 두 자로 줄이면 '꿈깨', '깨몽'입니다. 이렇게 연기법을 마음의 연기법으로 이해한다면 자연스럽게 중심이 밖으로 향하기보다는 안으로 향하게 됩니다.

이런 사고도 가능합니다. 개가 짖을 때, '멍멍' 짖는다거나 '바우와우' 짖는다고 하는 것처럼, 나는 '수건'이라고 보았는데, 친구는 '걸레'라고 하는 것처럼, 하나의 사건에 대해 여러 견해가 있게 됩니다. 이렇듯 연기법을 마음의 연기법으로 본다면 '나는 이렇게 생각하지만, 다른 사람은 다르게 생각할 수 있겠구나'라는 사고가 가능하게 됩니다. 지난 업에 따라, 자신의 선입견에 따라 서로 다른 세상이 앞에 펼쳐집니다. 비슷하기는 하지만 다른 세상이 말입니다. 그래서 나에게는 죽일 놈이 다른 이에게는 천사입니다. 이처럼 연기법에서 '다름'에 대한 생각이 나오게 됩니다.

그러나 '다름'은 머리로는 이해되지만 생활에서는 쉽지 않습니다. 당장 '너는 나와 다르다'는 생각보다는 '네가 틀렸어'라는 생각이 마음을 지배하면서 마음 한 구석에서 분노가 솟아오릅니다. 힘이 있다면 바로 폭력으로 이어집니다. '다름'을 생활에서 가능하게 하는 것이 '느림'입니다. 그 '느림'은 수행에서 옵니다. 수행을 하다보면 호흡이 느려지게 됩니다. 호흡이 느려지면 우리의 사고도 느려집니다. 사고가 느려진다는 것은 열린 사고, 단정적이지 않은 사고, 넉넉한 마음을 말합니다. 이때 자신과 남을 모두 '배려'하는 마음이 함께 하게 됩니다.

# 2

# 뛰어난 세 가지 공부,
# 계정혜(戒定慧) 삼학(三學)

"세상은 무상하니 부지런히 정진하라."

부처님께서 열반에 드시기 전 마지막으로 남기신 말씀입니다. 즉, '열심히 수행하라'는 당부의 말씀입니다. 불교는 단지 머리로만 접근하는 가르침이 아닙니다. 팔정도, 육바라밀 등 실천 수행이 강조됩니다. 그런데 이러한 다양한 실천 수행은 계학(戒學)·정학(定學)·혜학(慧學)의 삼학(三學)을 벗어나지 않습니다.

세 가지 공부가 있다. 어떤 것이 셋인가. 이른바 뛰어난 계율의 공부[증상계학(增上戒學)]와 뛰어난 마음의 공부[증상의학(增上意學)]와 뛰어난 지혜의 공부[증상혜학(增上慧學)]이다.

어떤 것이 뛰어난 계율의 공부인가? 만일 비구가 계율의 바라제목차에 머물러 위엄 있는 태도와 행동을 갖추어, 조그만 죄를 보고도 두려움을 내어 계율을 받아 지니고 공부한다면 이것을 뛰어난 계율의 공부라고 한다.

어떤 것이 뛰어난 마음의 공부인가? 만일 비구가 모든 악하고 착하지 않은 법을 떠나 거친 생각과 미세한 생각은 있지만 욕계의 악을 떠난 기쁨과 즐거움이 생기는 초선(初禪)에 완전히 머무르고 나아가 제4선에 완전히 머무른다면 이것을 뛰어난 마음의 공부라고 한다.

어떤 것이 뛰어난 지혜의 공부인가? 만일 비구가 '이것은 괴로움의 거룩한 진리[고성제(苦聖諦)]'라고 참되게 알고 '이것은 괴로움 원인의 거룩한 진리[고집성제(苦集聖諦)]', '이것은 괴로움 없어짐의 거룩한 진리[고멸성제(苦滅聖諦)]', '이것은 괴로움을 없애는 길의 거룩한 진리[고멸도적성제(苦滅道跡聖諦)]'라고 참되게 알면 이것을 뛰어난 지혜의 공부라고 한다.

『잡아함경』 제30권, 「삼학경(三學經)」


계정혜(戒定慧) 삼학(三學)은 증상계학(增上戒學), 증상의학[增上意學, 또는 증상심학(增上心學)], 증상혜학(增上慧學)이라고 합니다. '증상(增上)'이란 '거룩하고 굳센', '뛰어난', '강성한' 등의 뜻이 있습니다. '증상'이라는 말을 통해 삼학에서 말하는 계정혜(戒定慧)는 그릇된 계율, 그릇된 선정, 그릇된 지혜가 아니라 마침내 해탈을 이루게 하는, 강력하고 뛰어난 힘이 있는, 거룩한 계정혜라고 이해할 수 있습니다.

계학(戒學)은 계율을 지켜나가는 것을 말합니다. 경전에서 '계율의 바라제목차에 머물러'라고 하셨습니다. 바라제목차[波羅提木叉, 프라티목샤(prātimokṣa)]란 계율 조목 하나하나를 말합니다. '별해탈'이라고 의역합니다. 계율 조목을 하나하나 지닐 때마다 별도로

[別] 번뇌의 속박으로부터 벗어난다[解脫]는 뜻입니다. 예를 들면, '살생하지 마라'라는 계율을 지닐 때 그와 관련된 번뇌의 속박으로 벗어납니다. 또는 계는 해탈을 바르게 따르게 하는 근본이기 때문에 바라제목차라고도 합니다. 계를 지킴은 모든 수행의 시작이자 근본이라는 뜻입니다.

> 음란하면서 참선하는 것은 모래를 쪄서 밥을 지으려는 것 같고, 살생하면서 참선하는 것은 제 귀를 막고 소리를 지르는 것 같으며, 도둑질하면서 참선하는 것은 새는 그릇에 가득 차기를 바라는 것 같고, 거짓말하면서 참선하는 것은 똥으로 향을 만들려는 것과 같으니, 비록 많은 지혜가 있더라도 다 마(魔)의 도를 이루리라.
>
> 서산 스님, 『선가귀감』

정학(定學)은 선정(禪定)을 닦아나가는 것을 말합니다. 경전에서는 색계의 '초선(初禪)' 내지 '제4선'에 머무는 것을 말씀하셨지만, 무색계의 선정 등도 포함됩니다. 정[定, 사마디(samādhi)]이란 등지(等持) 또는 삼매라고 번역합니다. 마음을 하나로 모아 산란하지 않도록 하여 몸과 마음을 편안하고 조화롭게 유지하는 것을 말합니다. 참고로 정(定)은 심일경성(心一境性)으로 하나의 대상에 마음이 전적으로 기울게 하며, 이에 의해 지혜가 생겨난다고 정의합니다. 그런데 이 말은 머물고자 하는 곳에 능히 머문다는 것이지 오직 하나의 대상에 머문다는 뜻은 아닙니다. 만약 그렇다면

167

순간순간 살펴보는 대상이 달라지는 위파사나 수행의 경우는 결코 삼매[정(定)]에 있다고 할 수 없게 됩니다. 본인이 머물고자 하는 곳에 마음을 두기란 쉽지 않습니다. 입으로는 염불을 하는데, 마음은 콩밭에 가 있던 경험은 다 있을 것입니다.

혜학(慧學)은 지혜를 닦아 얻음을 말합니다. 여기서 지혜란 세속적인 지식을 말하는 것이 아닙니다. 경전에서 '사성제(四聖諦)를 참되게 아는 것'을 혜학이라고 하였습니다. 즉, 혜학이란 사성제 등 연기의 도리를 여실하게 아는 지혜(반야)를 말합니다. 이러한 지혜는 그냥 생겨나지 않습니다. 앞서 언급한 계학과 정학이 바탕이 되어야 합니다. 지혜의 수레가 굴러가기 위해서는 계율과 선정의 두 수레바퀴가 갖추어져야 합니다.

이처럼 계정혜 삼학은 서로 연결되어 있습니다. 계학에 의해 정학이 이루어지고, 정학에 의해 혜학이 이뤄집니다. 가령, 계의 그릇이 온전하고 견고해야 선정의 물이 맑게 고이고, 맑게 고인 물에 지혜의 달이 나타나게 됩니다. 반대로 계학은 정학에 의해 완전해지고, 정학은 혜학에 의해 완전해집니다. 가령, 계학은 도둑을 잡는 것이고, 정학은 도둑을 묶어놓는 것이고, 혜학은 도둑을 죽여 버리는 것입니다. 여기서 도둑은 번뇌를 말합니다(『선가귀감』 참조).

# 3

# 지계(持戒),
# 수행의 시작

## 1)
## 계율은 해탈의 근본

계는 수행에 장애가 되는 그릇된 행위를 청정하게 합니다. 따라서 계율을 지킴으로부터 수행은 시작됩니다. 부처님은 열반에 드시기 직전 『불유교경(佛遺敎經)』(일명 『유교경』)에서 "계율은 바로 해탈의 근본이요, 또 이 계율을 지니면 모든 선정이 생기게 된다."고 말씀하셨고, "이 계율이 바로 나의 스승이니 내가 있을 때와 다름이 없다."고 말씀하셨습니다.

보통 불교 윤리를 언급할 때 불교 계율을 말하게 됩니다. 그런데 어느 스님이 말씀하셨습니다. "불교에서 말하는 계율은 그냥 도덕적 규범이나 윤리가 아니다. 만약에 계율을 사람이 지켜야 할 도리인 윤리라고 한다면 불교는 윤리학이어야 하고 부처님은 윤리학자이어야 하지 않는가?" 이런 말씀에 대해 누구는 "불교야말로 최고의 윤리학이고 부처님이야말로 최고의 윤리학자 아니겠습니까?" 하고 반문할 수도 있습니다.

'윤리'를 어떻게 규정하는가에 따라 주장이 다를 수도 있고, 불교라는 전체 틀에서 계율이 차지하는 부분을 어떻게 보느냐에 따라 다를 수 있습니다. 그러나 스님이 말씀하고자 하신 뜻은, 불교에서 말하는 계율이 단순한 생활 규범이 아니라는 것입니다. 앞서 언급한 『불유교경』의 내용이 스님이 말씀하고자 하신 뜻이 아닌가 합니다. "계율은 바로 해탈의 근본이요, 또 이 계율을 지니면 모든 선정이 생기게 된다."

불교 신자가 될 때 삼귀의계와 오계를 받습니다. 삼귀의계는 귀의불(歸依佛), 귀의법(歸依法), 귀의승(歸依僧)으로 불법승 삼보에 귀의한다는 것이고, 오계는 '살생하지 마라[불살생(不殺生)]', '도둑질하지 마라[불투도(不偸盜)]', '그릇된 음행을 하지 마라[불사음(不邪婬)]', '거짓말하지 마라[불망어(不妄語)]', '술 마시지 마라[불음주(不飮酒)]'를 말합니다.

그런데 삼귀의계와 오계를 지키는 것도 결코 쉬운 일이 아닙니다. 누구는 말합니다. "오계만 지켜도 도인(道人)된다." 이런 이야기에서도 계율은 단순한 윤리가 아니라는 스님의 말씀을 떠올릴 수 있습니다.


부처님께서 계율을 말씀하심은 나쁜 인연을 그치게 하려 함이니, 나쁜 인연을 그치기 때문에 뉘우치지 않는 마음이 일어나고, 뉘우치지 않는 마음으로 말미암아 기쁨이 생기게 되고, 기쁨으로 말미암아 안락이 생기게 되고, 안락으로 말미암아 삼매가 생기게 되고, 삼매로 말미암아 지혜 눈이 생기게 되고, 지혜 눈이 생김으로 말미암아 더러움을 싫어함이 생기고, 더러움을 싫어함으로 말미암아 욕심을 여읠 수 있고, 욕심을 여읨으로 말미암아 제도 해탈이 생기고, 제도 해탈함으로 말미암아 제도 해탈하는 지혜를 얻고, 제도 해탈하는 지혜로 말미암아 차례로 열반을 얻게 됩니다….

『선견율비바사』

　보통 우리가 계라고 하면 계율과 같은 뜻으로 쓰고 있습니다. 그러나 계(戒)와 율(律)은 엄연한 구별이 있습니다. 불교 신자로서 지녀야 할 삼귀의계와 오계는 누가 강요한 것이 아니라 스스로 받아들인 것입니다. 이러한 것을 계(戒)라고 합니다. 계는 불교의 수도에 들어가고자 하는 사람이 자발적으로 지켜야 할 실천 덕목을 말합니다. 계(戒)의 원어는 시라(尸羅, śila)로서 행위, 관습, 도덕 등의 뜻입니다. 이에 반해 율은 승가의 질서 유지를 위해 필요한 타율적인 행위 규범을 말합니다. 율(律)의 원어는 비니(毘尼, vinaya) 또는 비내야(毘奈耶)로서 '조복(調伏)'으로 번역되어 신구의(身口意)의 악업(惡業)을 다스리고 멀리한다는 뜻입니다.

　물론 계의 내용은 율의 내용에 그대로 들어가 있습니다. 따라서 계는 율의 한 부분이기도 합니다. 그런데 오히려 보통 계라고 말할 때 율을 포함한 계율의 의미를 가집니다. 가령 비구 250계, 비구니 348계 등입니다. 이처럼 계, 율, 계율은 따져보자면 다소 차이가 있지만 지금은 보통 통용하여 사용합니다.

한편, 이러한 계율은 오늘날 법을 만드는 것과 달리 일시에 만들어 공포한 것이 아니라 잘못된 행위가 있을 때마다 그것을 규제하여 금지 조항을 만들었습니다. 이를 수범수제(隨犯隨制)라고 합니다. 다음은 수범수제에 대한 부처님 말씀입니다.

> … 앞으로 비구들이 명예나 이해관계에 얽히게 되면 허물을 범하게 될 것이다. 그때 그것을 막기 위해 비구들에게 계율을 제정하여 줄 것이다. 그러나 아직은 잘못된 일이 없으므로 그럴 필요가 없다. 해지지 않은 새 옷을 미리 기울 것은 없지 않느냐.
>
> 『사분율』제1권

따라서 계율에 이러저러한 조문(條文)이 있다면 부처님 당시 이러저러한 일이 있었습니다. 이런 점에서 역으로 계율에 관한 부처님 말씀을 기록한 율장(律藏)을 보면 부처님 당시의 사회 모습을 알 수 있습니다.


## 1)
## 오계(五戒), 재가불자의 계

불교 신자가 될 때 삼귀의계와 오계를 받습니다. 어떤 이는 '지키지도 못할 계를 왜 받는가'라고 말하는 이도 있고, '앉아서 받고 서서 파하더라도 계는 받는 것이 좋다'라고 말하는 이도 있습니다. 두 견해가 상반되지만 계에 대한 중요성은 다 인정하는 말입니다. 앞의 경우가 '그처럼 숭고한 계를 함부로 취급하지 마라'는 뜻이라면, 뒤의 경우는 '파할 때 파하더라도 계의 씨앗이 심어져 이후 알게 모르게 영향을 미친다'는 뜻이 담겨 있습니다. 알게 모르게 영향을 미치는 그 계의 씨앗을 계체(戒體)라고 합니다. 이는 잘못을 범하는 순간 내면에서 '내가 이런 계를 받았는데'라는 최소한의 제어 기능을 하거나 또는 이후 참회의 바탕이 됩니다.

삼귀의계와 오계에 의해 최초의 재가신자가 된 이는 야사라는 청년의 아버지입니다. 부처님께서 녹야원에서 법을 설하실 때 야사라는 청년과 그의 친구들이 부처님께 출가하고, 그 아들을 찾아온 아버지는 삼귀의계와 오계를 받고 재가신자가 됩니다. 『사분율』에는 야사의 아버지가 오계를 받은 것으로 나오지만, 근래 연구 결과 처음부터 오계가 주어진 것은 아니었다고 보는 견해도 있습니다. 즉, 처음에는 불음주를 뺀 사계(四戒)였다가 이후 오계로 되었다고 봅니다.

불음주(不飮酒), '술을 먹지 마라.' 오늘날 사회생활하는 이들이 술을 먹지 않기란 쉽지 않습니다. 이에 대해 '술을 먹되 취하지 마라'라고 풀이합니다. 취하지 않을 정도로 먹으라는 말씀입니다. 계에 대한 융통성을 발휘한 해석이지만, 취하지 않을 정도로 술을 먹기란 역시 쉽지 않습니다.

이처럼 불살생(不殺生) 등 다른 계보다 불음주(不飮酒)에 대해 다소 열린 시각으로 해석하는 것은 계의 성격에 차이가 있기 때문입니다. 불살생, 불투도, 불사음, 불망어는 계를 깨뜨리는 순간 그 자체로 죄악이 되지만, 불음주는 그것을 깨뜨렸다 하더라도 그 자체가 죄악은 아닙니다. 전자를 성계(性戒)라 하고, 후자를 차계(遮戒)라 합니다.

성계(性戒)란 부처님이 그 계를 제정하지 않더라도 본래적인 성질이 죄악[성죄(性罪)]이라 하여 금한 계를 말합니다. 차계(遮戒)란 그 행위 자체가 죄악은 아니지만 세간의 비난을 막고 혹은 성죄(性罪)를 유발하지 않게 하기 위하여 금한 계를 말합니다. 여기서 차(遮)는 '막는다'는 뜻입니다. 차계에 의해 제어된 죄악을 차죄(遮罪)라고 합니다. 다음과 같은 이야기가 있습니다.

어떤 아저씨가 자기 집에서 술을 먹고 평상에 누워 있는데, 집 마당으로 닭이 뛰어들어 왔습니다.
'웬 닭' 하며, 냉큼 잡아먹었습니다.
잠시 뒤, 옆집 사는 닭 주인인 아주머니가 찾아왔습니다.
"우리 닭 혹시 이 집으로 오지 않았습니까?"
"못 봤습니다."
더 나아가 술기운에 아주머니를 방으로 끌고 들어가 강제로 범하게 되었습니다.

이처럼 술을 먹고서 (닭을) 도둑질하고 (닭을 잡아 죽여) 살생을 하고 (닭을 보지 못했다고) 거짓말하고 (아주머니까지 범하여) 음행까지 하였습니다. 술 마시는 것은 그 자체로 죄악은 아니지만, 이로 인해 다른 잘못까지 저지르기 때문에 이를 금하였습니다.

오계는 다섯 가지 계율이지만, 이는 다섯 가지에만 국한되지 않습니다. 일상생활에서 일어나는 일 가운데 대표적인 다섯 가지를 나타냅니다. 가령, '살생하지 마라'라는 계는 단지 산목숨을 죽이는 것에만 국한되지 않습니다. 그 속에는 폭력도 포함됩니다. 상대방을 죽음 직전까지 때려놓고 '난 계를 파하지 않았다'고는 할 수 없기 때문입니다. 또, '거짓말하지 마라'고 해서 거짓말에만 국한되지 않습니다. 말로 행하는 잘못을 '거짓말'로 대표하여 나타냅니다. 그렇게 보지 않으면 험한 말이나 아첨하는 말, 이간질하는 말은 오계에 저촉되지 않게 됩니다. 이런 측면에서 오늘날 '술 먹지 마라'에는 술뿐만 아니라 중독성 약물도 포함시키기도 합니다.

참고로, '대표적'이라는 말을 불교에서는 '거친 것, 두드러진 것[추(麤)]'이라는 용어를 사용합니다. '거친' 면에서 보면 그렇지만, '미세한[세(細)]' 면에서 보면 이것도 포함된다는 뜻으로 말입니다. 여기서는 공부를 할 때 주의해야 할 점을 발견하게 됩니다. 경전에서 말하지 않았다고 해서 그 내용이 포함되지 않는다고 함부로 단정하면 곤란합니다. 또한 확대 해석도 경계해야 합니다. 그래서 불교 논서를 보면, 논사들이 서로 달리 해석하며 논쟁하고, 회통하기도 합니다. '글자에 빠지지 마라'는 말이 여기서도 적용됩니다.

# 4

# 사성제(四聖諦),
# 괴로움을 보고
# 괴로움을 벗어나라

## 1)
## 사성제의
## 가르침

만약 몸이 안 좋아 병원에 갔더니, 의사 선생님이 귀신같이 그 원인을 알아내고, 같은 병을 가졌던 사람들도 다들 완치되었다고 하며, 알맞은 치료법을 제시한다면, 마치 벌써 병이 나은 듯이 기뻐하여 열심히 의사 선생님의 말씀에 따라 치료를 받을 것입니다.

　이런 비유에 관계되는 부처님 가르침이 바로 사성제(四聖諦)입니다. 석가모니 부처님께서 녹야원에서 다섯 비구에게 최초로 설한 법문이 바로 중도와 사성제입니다. 그리고 부처님 당시 중생들의 관심사가 하늘에 태어나는 것이기에 '보시 많이 하고[시론(施論)] 계 잘 지키면[계론(戒論)] 하늘에 태어난다[생천론(生天論)]' 등의 말씀으로 귀를 열게 한 뒤, 사성제를 통해 연기의 도리를 전하셨습니다. 그러면 사성제란 무엇일까요?

네 가지 진리가 있다. 어떤 것을 네 가지라 하는가? 이른바 괴로움에 대한 성스러운 진리[苦聖諦], 괴로움의 원인에 대한 성스러운 진리[苦集聖諦], 괴로움이 사라짐에 대한 성스러운 진리[苦滅聖諦], 괴로움을 없애는 길에 대한 성스러운 진리[苦滅道跡聖諦]이다.

『잡아함경』제15권,「현성경(賢聖經)」


사성제는 '네 가지 성스러운 진리'로 '괴로움[고성제(苦聖諦)]'과 '괴로움의 원인[집성제(集聖諦)]'과 '괴로움의 소멸[멸성제(滅聖諦)]'과 '괴로움의 소멸에 이르는 길[도성제(道聖諦)]'에 대한 가르침입니다. 줄여서 고집멸도(苦集滅道)라고도 합니다.

고성제는, 현실을 바로 보게 하는 가르침입니다. '모든 것은 괴로움[고(苦)]'이라는 것입니다. 보통 생로병사(生老病死)의 4고(苦)와 이에 더하여 '사랑하는 대상과 헤어지는 괴로움[애별리고(愛別離苦)]', '미워하는 이와 만나는 괴로움[원증회고(怨憎會苦)]', '구하는 바를 얻지 못하는 괴로움[구부득고(求不得苦)]', '오음이 치성하여 이루어진 괴로움[오음성고(五陰盛苦)]'의 8고(苦)로 이야기합니다. 앞에서 살펴보았듯이 오음은 오온의 다른 번역입니다. 오온은 색온·수온·상온·행온·식온을 말합니다. 나중에 오음성고에 대해 살펴보겠습니다.

집성제는, 괴로움의 원인을 밝혀 끊게 하고자 하는 가르침입니다. 고의 원인에는 여러 가지가 있지만 그 가운데 근본적인 것은 무명(無明, 어리석음)과 갈애(渴愛)입니다. 무명에 의해 갈애가 생깁니다. 갈애는 말 그대로 목말라 물을 찾듯 집착하는 것을 말합니다. 탐욕이라고도 합니다.

멸성제는, 괴로움에서 벗어난 열반을 밝혀 증득하게 하고자 하는 가르침입니다. '멸'이란 '괴로움'이 소멸된 상태입니다. 괴로움의 원인인 갈애가 남김없이 사라지고 아무 집착도 없음을 말합니다.

도성제는 괴로움을 없애는 방법, 열반에 이르는 길을 제시하여 닦게 하고자 하는 가르침입니다. 대표적인 것이 팔정도(八正道)입니다. 팔정도는 중도(中道)로서, 바른 견해[정견(正見)], 바른 생각[정사(正思)], 바른 말[정어(正語)], 바른 행동[정업(正業)], 바른 직업(생활)[정명(正命)], 바른 노력[정정진(正精進)], 바른 마음 챙김[정념(正念)], 바른 마음 집중[정정(正定)]를 말합니다.

이러한 사성제는 결과[苦]와 원인[集], 결과[滅]와 원인[道]의 구조로 되어 있습니다. 중생의 현 상황(결과 - 苦)을 짚어주고, 그 이유(원인 - 集)를 말하고, 이 현 상황을 벗어난 상태(결과 - 滅)를 말해주고, 그 길을 가는 방법(원인 - 道)을 제시합니다. 서두에 서술한 병(病)이 고에, 병의 원인이 집에, 완치된 상태가 멸에, 치료과정이 도에 비유됩니다. 현실을 정확하게 보고, 그 현실의 원인을 파악한 뒤, 현실의 문제가 해결된 상황을 향해, 현실의 문제를 해결해나가야 한다는 구조입니다. 이에 성인께서 "고는 보아야 되고[견고(見苦)], 집은 끊어야 되고[단집(斷集)], 멸은 증득해야 되고[증멸(證滅)], 도는 닦아야 한다[수도(修道)]"고 말씀하십니다.

그런데 여기서 잠시 생각해볼 것이 있습니다. 고성제에서 '모든 것은 괴로움'이라고 했는데, 과연 이 세상 모든 것이 고(苦)

일까요? 이 세상 자체가 고일까요? 그렇다면 이 세상에 살고 있는 한 괴로울 수밖에 없지 않을까요? 괴로움의 소멸이란 이 세상을 떠나서 있는 것일까요? 도란 이 세상을 떠나기 위해 닦는 것일까요?

집성제에서 괴로움의 원인을 무명과 갈애라고 하였습니다. 멸성제에서도 갈애가 없어진 상태를 괴로움의 소멸이라고 하였습니다. 그렇다면 세상 자체가 괴로운 것이 아니라 갈애로 살아가는 이 중생심 때문에 괴로운 것이라 보여집니다. 고성제에서 생로병사도 그 자체가 고가 아니라 그것에 연연하는 중생의 갈애로 인한 괴로움으로 이해됩니다. 특히 오음성고란 말은 8고뿐만 아니라 모든 고를 포함하는 말입니다. 앞에서 말했듯이 오음[오온(五蘊)]이란 색수상행식(色受想行識)으로 구성된 인간이나 세상 자체를 말하는 것이 아니라 마음 작용에 의해 드러난(인식된) 세상을 말한다고 할 때, 그 마음 작용에 갈애(탐욕)와 더불어 많은 번뇌가 함께 하니 얼마나 괴롭겠습니까.

이에 고성제·집성제를 무명에 의해 괴로움이 일어나는 유전연기(流轉緣起)에, 멸성제·도성제를 무명을 끊고 고통의 소멸에 이르는 환멸연기(還滅緣起)에 연결시킵니다. 유전연기는 십이연기에서 '무명이 있으므로 행이 있고 행이 있으므로 나아가 노사가 있다'는 것으로, 그 마음 작용이 서로 관계하여 고통이 일어나는 과정을 말합니다. 환멸연기는 반대로 '무명이 없으므로 행이 없고 행이 없으므로 나아가 노사가 없다'는 것으로, 무명으로 인한 마음 작용이 사라져 고통이 없어지는 과정을 말합니다.

## 2 )
## 사홍서원과 사성제

불교에서는 법회 등의 행사를 진행할 때, 마지막 순서로 사홍서원을 외웁니다. 사홍서원이란 중생과 함께 하려는 네 가지 커다란 발원을 말합니다. '중생을 다 건지오리다', '번뇌를 다 끊으오리다', '법문을 다 배우오리다', '불도를 다 이루오리다'라는 가사로 찬불가를 부르거나, '중생무변서원도(衆生無邊誓願度)', '번뇌무진서원단(煩惱無盡誓願斷)', '법문무량서원학(法門無量誓願學)', '불도무상서원성(佛道無上誓願成)'이라는 게송을 외우기도 합니다. 게송의 뜻을 풀이하면 다음과 같습니다. '중생은 끝이 없지만 제도하기 서원합니다', '번뇌는 다함이 없지만 끊어버리기 서원합니다', '법문은 한량이 없지만 배우기 서원합니다', '부처님의 도는 위없이 높지만 이루기를 서원합니다.'

중국 수나라 천태 대사(538-597)는 『석선바라밀차제법문』에서 이러한 네 가지 서원인 사홍서원은 고집멸도(苦集滅道) 사성제(四聖諦)와 대응한다고 합니다. 고집멸도라는 네 가지 법이 이승(二乘, 성문승과 연각승)의 마음에 있으면 다만 '제(諦, 말씀, 진리)'라는 이름만을 얻지만, 보살의 마음에 있으면 별도로 '홍서(弘誓, 넓은 서원)'라는 명칭을 얻는다고 합니다.

천태 대사는 보살 서원의 중요성을 강조하고자 사홍서원과 사성제를 언급하였습니다만, 여기서 불교는 실천의 종교이자 행동의 가르침이라는 측면에서 사홍서원과 사성제를 잠깐 살펴보고자 합니다.

천태 대사가 사홍서원과 사성제가 대응한다고 말씀하셨다는 점에서 그 둘을 각각 대응해보면 '중생을 다 건지오리다' - 고성제, '번뇌를 다 끊으오리다' - 집성제, '법문을 다 배우오리다' - 도성제, '불도를 다 이루오리다' - 멸성제 등으로 연결됩니다.

고성제(苦聖諦)는 모든 것은 괴로움이라는 가르침입니다. 따라서 고성제는 괴로움에 빠진 '중생을 다 건지오리다'로 연결됩니다. 집성제(集聖諦)는 괴로움의 원인에 대한 가르침입니다. 그 괴로움의 원인은 바로 욕망 등 번뇌입니다. 따라서 집성제는 '번뇌를 다 끊으오리다'로 연결됩니다.

멸성제(滅聖諦)는 괴로움에서 벗어난 열반에 대한 가르침입니다. 열반은 바로 위없는 부처님의 경지입니다. 따라서 멸성제는 '불도를 다 이루오리다'로 연결됩니다. 이때 불도(佛道)에서 '도(道)'는 실천이나 수행을 의미하기보다는 부처님의 경지를 말합니다. 멸성제가 부처님 경지인 열반을 말하는 것이고, 여기에 '불도를 다 이루오리다'가 연결되기 때문입니다. 게송에서도 '불도무상서원성(佛道無上誓願成)'이라고 하였습니다. 여기서 '무상(無上, 위없이 높다)'이란 '더 이상 높은 것이 없다'는 뜻으로 부처님의 경지를 말합니다. 다시 말하면 더 이상 높은 경지가 없는 부처님의 경지를 이루겠다는 뜻입니다.

도성제(道聖諦)는 열반에 이르는 길(실천 수행)에 대한 가르침입니다. 이는 '법문을 다 배우오리다'로 연결됩니다. 이렇게 연결될 때 우리는 또 하나 생각하고 넘어갈 것이 있습니다. 여기에 '사홍

서원과 사성제'라는 제목으로 글을 쓴 의도가 담겨 있습니다. '법
문을 다 배우오리다'라는 내용이 도성제와 연결된다고 할 때, '법
문'이라는 말과 '배운다'는 말은 그냥 학문적인 의미가 아니라는
것입니다. 도성제는 부처님 경지에 이르는 실천 수행입니다. 실
천 수행에 대한 가르침이 '법문을 다 배우오리다'라고 연결된다
는 점에서 '법문을 다 배우오리다'라는 말은 단순히 부처님 말씀
을 많이 듣고 보고 이해한다는 것이 아니라 바로 부처님 가르침
을 실천한다는 것입니다.

　'문(門)'은 불교에서는 다양한 방법, 방편을 나타냅니다. 관세
음보살을 칭송할 때 '보문시현(普門示現)'이라고 노래합니다. 그 뜻
은 '여러[普] 방편[門]을 나타내신다[示現]'는 것입니다. 중생 제도
를 위해 여러 가지 방편으로 중생들과 함께 하신다는 뜻입니다.
마찬가지로 '법문을 다 배우오리다'라는 말은 부처님 가르침에
근거한 여러 방법을 통해 실천 수행하겠다는 뜻입니다.

　이러한 뜻을 담고 있는 불교에서는 다양한 수행 방법이 제시
되고 있습니다. 아함경전(또는 니까야)에서 제시하는 수행법으로 보
통 삼십칠조도품(三十七助道品)이 있습니다. 대승경전에서는 육바
라밀 등을 강조합니다.

# 5

# 삼십칠조도품,
# 깨달음에 이르게 하는
# 37종 수행

조도품은 도품(道品), 보리분(菩提分), 각분(覺分)이라고도 합니다.
'조(助)'를 '도와주는', '분(分)'을 '원인(原因)' 등의 뜻으로 풀이하
면, 조도품 등은 부처님 경지인 깨달음에 이르게 하는 원인이라
는 뜻을 담고 있습니다. 깨달음에 이르게 하는 원인은 바로 수행
입니다. 사념처(四念處), 사정근(四正勤), 사여의족(四如意足), 오근(五
根), 오력(五力), 칠각지(七覺支), 팔정도(八正道) 등 37종 수행법을 삼
십칠조도품이라고 합니다.

　　우선 삼십칠조도품 각각에 대해 간단하게 알아보고 난 뒤,
삼십칠조도품 가운데 오늘날 수행과 관련하여 회자되는 사념처,
사정근, 팔정도를 별도로 살펴보고자 합니다. 삼십칠조도품에 대
해 기존 불교 관련 서적과 천태지의 대사의 『법계차제초문』을 참
조하여 다음과 같이 정리하였습니다.

# 1)
## 사념처(四念處)

### ① 신념처(身念處)

신(身)은 사대와 오근이 임시로 화합한 우리 몸을 말합니다. 몸 가운데 깨끗하지 못함[不淨]을 보고, 깨끗하다[淨]고 여기는 뒤바뀐 생각을 깨뜨립니다.

### ② 수념처(受念處)

고수(苦受) · 낙수(樂受) · 불고불락수(不苦不樂受) 등 세 가지 느낌[受]은 모두 고(苦)라고 보고, 즐겁다[樂]고 여기는 뒤바뀐 생각을 깨뜨립니다.

### ③ 심념처(心念處)

마음이 연을 따라 찰나에도 머물지 않고 찰나에 일어나고 찰나에 사라짐을 보고, 항상하다[常]고 여기는 뒤바뀐 생각을 깨뜨립니다.

### ④ 법념처(法念處)

위의 셋을 제외한 다른 법에 대하여 실로 실체가 없으며[無我] 또 '나[我]'라거나 '나의 것[我所]'이라는 것을 결코 얻을 수 없음을 보고, 나[我]라고 여기는 뒤바뀐 생각을 깨뜨립니다.

이렇게 살펴봄으로써 유위법에 대해 깨끗하다[淨]거나 즐겁다[樂]거나 항상하다[常]거나 자성이 있다[我]거나 하는 전도된 생각을 깨뜨립니다.

## 2)
## 사정근(四正勤)

① **율의단**(律儀斷)

아직 나타나지 않은 악(惡)을 끊기 위하여 노력합니다.

② **단단**(斷斷)

이미 생긴 악(惡)을 끊기 위해 노력합니다.

③ **수호단**(隨護斷)

아직 나타나지 않은 선(善)을 나타내기 위해 노력합니다.

④ **수단**(修斷)

이미 나타난 선(善)을 증대하도록 노력합니다.

　　이것을 단(斷)이라고 일컫는 것은 이러한 노력이 태만심을 끊고 장애를 끊기 때문입니다.
　　이 네 가지는 그릇된 도를 부수고 바른 도 가운데 부지런히 수행하므로 정근이라고 합니다.

# 3)
## 사여의족(四如意足)

① **욕여의족**(欲如意足)

의욕(서원)을 중심으로 선정[定]을 얻어 번뇌를 끊는 행을 이루고 뜻대로 갖추는 신통[如意足]을 얻습니다.

② **정진여의족**(精進如意足)

정진을 중심으로 선정을 얻어 번뇌를 끊는 행을 이루고 뜻대로 갖추는 신통을 얻습니다.

③ **심여의족**[心如意足 또는 염여의족(念如意足)]

마음[心念]을 중심으로 선정을 얻어 번뇌를 끊는 행을 이루고 뜻대로 갖추는 신통을 얻습니다.

④ **사유여의족**[思惟如意足 또는 혜여의족(慧如意足)]

사유[觀慧]를 중심으로 선정을 얻어 번뇌를 끊는 행을 이루고 뜻대로 갖추는 신통을 얻습니다.

사념처를 통해 참다운 지혜가, 사정근을 통해 바른 정진이 뛰어나게 되었지만 정력(定力)이 약합니다. 네 가지 선정으로 마음을 거두기 때문에 지혜와 정력이 동등하게 되어 원하는 바를 얻기 때문에 여의족이라 합니다.

# 4)
## 오근(五根)

① **신근**(信根)

바른 도와 바른 도를 돕는 방편을 믿습니다.

② **정진근**(精進根)

바른 도와 바른 도를 돕는 모든 선법을 행할 때 부지런히 구하여 쉬지 않습니다.

③ **염근**(念根)

바른 도와 바른 도를 돕는 모든 선법을 생각하여 다시는 다른 헛된 생각이 없습니다.

④ **정근**(定根)

바른 도와 바른 도를 돕는 모든 선법 가운데 마음을 두고 서로 상응하여 흩어지지 않습니다.

⑤ **혜근**(慧根)

바른 도와 바른 도를 돕는 모든 선법을 위하여 무상 등을 관합니다.

이 다섯 가지는 능히 생겨나므로 근(根)이라고 합니다. 이미 사여의족을 얻어 지혜와 선정이 안온하면 믿음 등 다섯 가지 선법은 혹은 비슷하게 혹은 참된 모습 그대로 저절로 생겨납니다.

## 5)
## 오력(五力)

① **신력**(信力)

바른 도와 그것을 돕는 모든 선법을 믿을 때 만일 신근이 증장하면, 능히 의혹을 막고 모든 그릇된 믿음과 번뇌를 깨뜨리므로 신력이라 합니다.

② **정진력**(精進力)

바른 도와 그것을 돕는 모든 선법을 행할 때 정진근이 증장하면, 여러 가지 몸과 마음의 게으름을 깨뜨리고 출세간의 일을 갖추므로 정진력이라 합니다.

③ **염력**(念力)

바른 도와 그것을 돕는 모든 선법을 생각할 때 염근이 증장하면, 모든 그릇된 생각을 깨뜨리고 온갖 출세간의 바른 생각의 공덕을 성취하므로 염력이라 합니다.

④ **정력**(定力)

바른 도와 그것을 돕는 모든 선법에 마음을 둘 때 정근이 증장하면, 능히 모든 산란한 생각을 깨뜨려 모든 사리(事理)에 막힘이 없는 선정을 일으키니 이를 정력이라 합니다.

⑤ **혜력**(慧力)

바른 도와 그것을 돕는 모든 선법을 위하여 무상 등의 행을 관할 때 혜근이 증장하면, 능히 삼계의 번뇌를 막아서 참된 무루의 지혜를 일으키므로 혜력이라 합니다.

이 다섯 가지는 능히 유루의 불선(不善)을 깨뜨려 출세간의 선법(善法)을 이루기 때문에 력(力)이라 합니다.

### 6)
## 칠각분(七覺分)

① **택법각분**(擇法覺分)

지혜로 온갖 법을 관할 때 참과 거짓을 잘 가려서 모든 허위법을 잘못 취하지 않으므로 '택법각분'이라고 합니다.

② **정진각분**(精進覺分)

정진으로 모든 도법을 닦을 때, 능히 잘 알아서 쓸데없는 고행(苦行)을 잘못 행하지 않고 참된 법 가운데 늘 마음을 두어 부지런히 수행하므로 '정진각분'이라고 합니다.

③ **희각분**(喜覺分)

마음으로 법의 기쁨을 얻을 때, 이 기쁨이 뒤바뀐 법에 의지해서 생겨나지 않음을 잘 알아서 환희로써 참된 법의 즐거움에 머물기 때문에 '희각분'이라고 합니다.

④ **제각분**(除覺分)

온갖 견해와 번뇌를 끊어 없앨 때, 능히 잘 알아서 여러 허위만 제거하고 참되고 바른 선근을 상하지 않게 하기 때문에 '제각분'이라고 합니다.

⑤ **사각분**(捨覺分)

집착한 경계를 버릴 때, 버리는 경계는 헛되고 실체가 없음을 잘 알아서 영원히 생각하지 않기 때문에 '사각분'이라 합니다.

⑥ **정각분**(定覺分)

모든 정을 일으킬 때, 이 모든 선정도 허위임을 잘 알아서 애착하는 헛된 생각을 내지 않기 때문에 '정각분'이라 합니다.

⑦ **염각분**(念覺分)

출세간의 도를 닦을 때 항상 선정과 지혜가 균등하도록 해야 함을 잘 알아서, 마음이 가라앉을 때는 택법각분·정진각분·희각분 등의 세 가지 각분을 써서 일으키며, 마음이 들뜰 때는 제각분·사각분·정각분 등의 세 가지 각분을 써서 다스림을 생각합니다. 그러므로 염각분은 항상 넘치는 두 가지를 잘 조화시켜 알맞게 합니다.

아라한[무학(無學)]은 이 일곱 가지 일을 참으로 깨달아 능히 열반에 이르기 때문에 이 일곱 가지를 통틀어 각분이라 합니다.


## 7)
## 팔정도(八正道)

팔정도란 팔성도지(八聖道支), 팔정도분(八正道分) 등으로 일컬어지는 실천 수행의 중요한 덕목입니다.


① **정견**(正見)

'바른 견해'로 편견 없이 있는 그대로 봅니다. 이를 여실지견(如實知見)이라고 부릅니다. 먼저 바로 보는 것이 바른 삶의 시작입니다. 또는 사성제를 분명히 보므로 '바른 견해'라고 합니다.


② **정사유**(正思惟)

'바른 사유'입니다. 바른 견해를 가짐으로 바른 사유를 할 수 있습니다. 현실을 있는 그대로 보고 이치에 맞게 생각합니다.


③ **정어**(正語)

'바른 말'입니다. 구업(口業)을 거두어 온갖 바른 말 가운데 머물기 때문에 '바른 말'이라고 합니다.

④ **정업**(正業)

'바른 행동'입니다. 온갖 그릇된 행위를 없애어 깨끗하고 바른 신업(身業) 가운데 머물기 때문에 '바른 행동'이라고 합니다.

⑤ **정명**(正命)

'바른 직업'입니다. 옳은 일에 종사하고 몸과 말과 마음, 신구의 (身口意) 삼업을 청정히 하면서 바르게 생활합니다. 좀 더 구체적으로 말한다면 바른 직업관을 가지고 생업에 임합니다.

⑥ **정정진**(正精進)

'바른 정진'은 깨달음을 향한 부단한 노력을 말합니다. 아울러 옳은 일에는 물러섬 없이 밀고 나가는 정열과 용기를 뜻하기도 합니다.

⑦ **정념**(正念)

'염(念)'은 전념(前念) 불망(不忘)의 뜻으로서, 바른 도와 바른 도를 돕는 방편을 놓치지 않고 생각합니다. '정념'을 보통 '바른 마음챙김', '바른 기억' 등으로 번역합니다. '정념'에 대한 해석은 논쟁이 있으므로 이후 다시 살펴보겠습니다.

⑧ **정정**(正定)

'바른 선정'입니다. 번뇌·망상에서 바른 견해나 행동이 나올 수 없습니다.

이상 삼십칠조도품에 대해 간단하게 살펴보았습니다. 이제 삼십칠조도품 가운데 오늘날 수행과 관련하여 회자되는 사념처, 사정근, 팔정도에 대해 좀 더 자세히 살펴보고자 합니다.

# 6

# 사념처(四念處), 신수심법(身受心法) 네 곳을 살펴봄

사념처는 삼십칠조도품 가운데 첫 번째 언급되는 실천 수행입니다. 사념주(四念住)로 번역하기도 하며, 사념처관(四念處觀)이라도 합니다.

> 하나의 도가 있어 중생을 깨끗하게 하고, 걱정과 두려움에서 건지고, 고뇌를 없애고, 슬픔을 끊고, 바른 법을 얻게 하나니, 곧 사념처이다. … 무엇이 넷인가? 몸[身]을 몸과 같이 관(觀)하는 염처이다. 이와 같이 수(受)·심(心)·법(法)을 수·심·법과 같이 관하는 염처이다.
>
> 『중아함경』제24권, 「염처경」

즉, 사념처에서 네 가지란 신념처, 수념처, 심념처, 법념처를 말합니다. 신(身)은 머리 등 여섯 부분으로 사대(四大)로 이루어진 것입니다. 오온에서 색온(色蘊)에 해당됩니다. 수(受)는 괴롭다는 느낌[고수(苦受)], 즐겁다는 느낌[낙수(樂受)], 괴롭지도 즐겁지도 않다는 느낌[불고불락수(不苦不樂受)] 등 '느낌', '감수 작용'으로 수온(受蘊)입니다. 심(心)은 육식(六識)이 경계를 반연하여 분별하는 것을 말하니, 식온(識蘊)입니다. 법(法)은 위의 세 가지를 제외한 나머지로, 오온 가운데는 상온(想蘊)과 행온(行蘊)이 해당되며, 그리고 무위법도 포함됩니다. 참고로 오온은 유위법입니다. 이에 앞『중아함경』에서 사념처 각각에 대해 설명합니다.

어떤 것을 몸을 몸과 같이 관하는 염처라 하는가? 비구는 다니면 다니는 줄 알고, 머무르면 머무는 줄 알며, … 비구는 들숨을 생각하며 들숨을 생각하여 곧 들숨을 생각하는 줄 알고, … 비구는 이 몸은 어디 있거나 좋거나 밉거나 머리에서 발에 이르기까지 온갖 더러운 것이 충만해 있다고 관한다.….

『중아함경』제24권,「염처경」

신념처와 같이 수념처, 심념처, 법념처도 마찬가지입니다. 수념처의 경우는 '즐거움을 느끼면 즐거움을 느끼는 줄 알고, 괴로움을 느끼면 괴로움을 느끼는 줄 알고, …', 심념처의 경우는 '욕심이 있으면 욕심이 있다고 알고, 욕심이 없으면 욕심이 없다고 알고, …', 법념처의 경우는 '눈[眼]이 색을 반연하여 번뇌가 생기면, 번뇌가 있음을 알고, 번뇌가 생기지 않으면 번뇌가 생기지 않음을 안다…'고 설명합니다.

인용한『중아함경』에서는 '몸을 몸과 같이 관하는'이라고 하는데, 여기서 '~과 같이'는 '~이 일어나는 대로'라는 뜻입니다.

이에 다른 곳에서는 '몸을 따라 관한다[순신관(循身観)]'라고 합니다. 이는 경전의 내용처럼 신·수·신·법에 대해 일어나는 대로 살펴본다는 말입니다. 즉, 사념처란 신·수·심·법 네 곳을 살펴보는 수행법입니다. 이에 사념처를 '네 가지 곳을 살펴 생각함', 또는 '네 가지 곳을 생각함' 등으로 풀이합니다. 그러나 '염(念)'을 '생각함' 이라고 번역하는 것은 최대한 쉽게 이해시키고자 하는 번역어일 뿐 엄밀한 번역어는 아닙니다. 이후 팔정도에서 설명하는 것과 같이, '염'을 '생각'으로 번역할 경우 정견(바른 견해), 정사유(바른 생각)와 혼란을 일으킵니다. 물론 근래에는 '염(念)'을 '마음 챙김', '알아차림' 등으로 번역하며 이에 대한 논쟁이 있습니다.

일어나는 것을 일어나는 대로 살펴본다는 것은 쉽지 않습니다. 몸을 따라 몸을 살펴보는 동안 끊임없이 다른 생각이 끼어듭니다. 몸을 살피는 순간 마음은 몸을 향하지 않고 집에 두고 온 걱정보따리로 향합니다. 이렇듯 몸을 따라 몸을 관찰하는 데 앞생각을 이어서 다음 생각으로 갈 때, 불현듯 딴 생각이 끼어듭니다. 이렇게 몸에 대한 앞생각을 이어서 딴 생각이 끼어들지 않게 몸에 대한 다음 생각으로 이어지게 하는 마음 작용이 바로 '염(念)'입니다. 이때 '염(念)'은 심소법(心所法) 가운데 하나로 불망(不忘)의 뜻을 지닙니다. 앞서 익혔던 대상을 명확히 기억하여 잊지 않게 하여 정(定)을 이끌어 냅니다.

정[定, 사마디(samādhi)]이란 등지(等持) 또는 삼매라고 번역합니다. 마음을 하나로 모아 산란하지 않도록 하여 몸과 마음을 편안하고 조화롭게 유지하는 것을 말합니다. 정(定)은 심일경성(心一境性)

으로 하나의 대상에 마음이 전적으로 기울게 합니다. '심일경성'
이란 머물고자 하는 곳에 능히 머문다는 것이지 오직 하나의 대
상에 머문다는 뜻은 아닙니다. 만약 그렇다면 사념처 수행처럼
순간순간 살펴보는 대상이 달라지는 수행의 경우에는 결코 삼매
[정(定)]에 있다고 할 수 없게 됩니다.

사념처 수행은 정(定)에 머물러 순간순간 신(身) 등을 관하게
됩니다. 이러한 관(觀)은 '염(念)'의 작용도, '정(定)'의 작용도 아닙
니다. 그것은 '혜(慧)'의 작용입니다. 이때 혜는 일상적으로 말하
는 지혜가 아닙니다. 역시 심소법의 하나로 관찰하는 대상에 대
해 간택(簡擇)하는 작용입니다. 이렇게 본다면 사념처는 단지 '생
각함'이 아니라 신·수·심·법에 대해 놓치지 않고 챙겨(또는 지켜)
살펴서 간택한다는 뜻이 됩니다.

사념처는 혜(慧)가 본질[체(體)]이 됩니다. 그런데 도끼(혜)로 나
무를 쪼갤 때 쐐기(염)의 힘으로 쉽게 쪼개듯이, 염의 힘에 의해
혜가 대상에 나아갈 수 있기 때문에 염주(염처)라고 합니다. 또는
혜는 염을 머물게 하기 때문에 사념주(사념처)라고 합니다. 즉, 혜
는 대상을 관하여 명확하게 알기 때문에, 염으로 하여금 기억하
여 대상에 머물게 합니다(『구사론』 제23권 참조). 따라서 사념처의 속
내를 살펴보면, 혜를 본질로 하되 염과 혜가 두 축을 이룹니다.
무엇을 중심으로 하는가에 따라 번역어가 다르겠지만, 그 뜻을
다 포함하는 번역이란 쉽지 않습니다.

# 7

# 사정근(四正勤),
# 악한 것을 없애고
# 선한 것을 키움

사정근(四正勤)은 삼십칠조도품 가운데 두 번째 언급되는 실천 덕목으로, 사정단(四正斷)이라고도 합니다. 단(斷, 끊음)은 장애를 끊는다는 뜻입니다. 근(勤, 부지런히 힘씀)은 나태하지 않다는 뜻입니다. 일단 정근(正勤) 또는 정단(正斷)의 두 뜻을 헤아리면 '부지런히 힘써 장애를 끊는다' 또는 '부지런히 힘써 나태한 마음을 끊는다'는 뜻으로 풀이됩니다.

따라서 앞서 언급한 사념처가 혜(慧)를 본질로 한다면, 사정근은 정진[精進, 근(勤)]을 본질로 합니다. 정진 역시 심소법 가운데 하나로, 선한 것을 닦고 악한 것을 끊는 일에 용감하고 맹렬하며 굳세며, 나태함을 다스려 선한 것을 원만하게 한다는 뜻을 지닙니다.

그럼 그 네 가지는 무엇일까요? 우선 『잡아함경』에는 다음과 같이 언급합니다.

네 가지 바른 끊음[사정단(四正斷)]이 있다. 어떤 것이 넷인가. 첫째는 단단(斷斷, 끊는 것으로 끊음)이요, 둘째는 율의단(律儀斷, 율의로 끊음)이요, 셋째는 수호단(隨護斷, 지켜 끊음)이요, 넷째는 수단(修斷, 닦아 끊음)이다.

어떤 것이 단단인가. 이른바 비구가 이미 일어난 악하고 착하지 않은 법을 끊으려는 마음을 내어 방편으로 꾸준히 힘써 거두어들이는 것이 단단이다.

어떤 것이 율의단인가. 아직 일어나지 않은 악하고 착하지 않은 법을 일어나지 않게 하려는 마음을 내어 방편으로 꾸준히 힘써 거두어들이는 것이 율의단이다.

어떤 것이 수호단인가. 아직 생기지 않은 착한 법을 일어나게 하려는 마음을 내어 방편으로 꾸준히 힘써 거두어들이는 것이 수호단이다.

어떤 것이 수단인가. 이미 생긴 착한 법을 더욱 닦아 익히려는 마음을 내어 방편으로 꾸준히 힘써 거두어들이는 것이 수단이다.

『잡아함경』 제31권, 「사정단경(四正斷經)4」

즉, 사정단(사정근)이란, 첫째 이미 생긴 악하고 착하지 않은 법을 끊어버리고자 정진하는 수행이고, 둘째 아직 생겨나지 않은 악하고 착하지 않은 법을 생겨나지 않게 하고자 정진하는 수행이고, 셋째 아직 생겨나지 않은 착한 법을 일어나게 하고자 정진하는 수행이고, 넷째 이미 생긴 착한 법을 더욱 자라게 하고자 정진하는 수행입니다.

이를 각각 단단, 율의단, 수호단, 수단과 연결합니다. 즉, 단단이란 이미 생겨난 악법을 끊고 또 끊는 수행입니다. 율의단은 계율을 견고하게 지니고 위의(威儀)를 지켜 악법이 일어나지 않게 하는 수행입니다. 수호단은 바른 수행에 있어 대상에 따라 잘 살펴 바른 수행(선법)이 일어나게 하는 수행입니다. 수단은 바른 도를 닦아 그것을 자라게 하여 자연스럽게 모든 악을 제거하는 수행입니다. 선을 생겨나고 자라게 하면 결국 모든 악은 자연스럽게 제거됩니다.

한편, 『잡아함경』에서는 단단은 전체적인 면에서 설명하고 율의단, 수호단, 수단은 각각 수행 방편으로 부분적인 면에서 설명합니다.

어떤 것이 단단인가. 만일 비구가 이미 일어난 악하고 착하지 않은 법을 끊으려는 마음을 내어 방편으로 꾸준히 노력하여 거두어들이고, 아직 일어나지 않은 악하고 착하지 않은 법을 일어나지 않게 하려는 마음을 내어 방편으로 꾸준히 힘써 거두어들이며, 아직 생기지 않은 착한 법을 일어나게 하려는 마음을 내어 방편으로 꾸준히 힘써 거두어들이며, 이미 생긴 착한 법을 더욱 닦아 익히려는 마음을 내어 방편으로 꾸준히 힘써 거두어들이면 이것을 단단이라고 한다.

어떤 것이 율의단인가. 만일 비구가 안(眼)을 잘 단속하여 은밀히 조복하여 나아가고, 이와 같이 이비설신의(耳鼻舌身意)을 잘 단속하고 은밀히 조복하여 나아가면, 이것을 율의단이라고 한다.

어떤 것이 수호단인가. 만약 비구가 그러그러한 진실 삼매를 잘

보호해 가는 것이니, 이른바 (사람이 죽으면 그 시체가) 푸르딩딩하다
는 생각, 퉁퉁 붓는다는 생각, 곪는다는 생각, 문드러진다는 생각,
먹는 음식도 더러운 것이 된다는 생각을 닦아 익히고 잘 보호하
여 물러가거나 사라지지 않게 하면, 이것을 수호단이라고 한다.
어떤 것이 수단인가. 만일 비구가 사념처 등을 닦으면 이를 수단
이라 한다.

『잡아함경』 제31권, 「사정단경5」

위 내용을 보면 사정근은 굳이 사정근이라는 수행이 별도로
있는 것이 아니라, 모든 수행이 그 내용을 채우고 있습니다. 사정
근의 측면에서 볼 때, 수행이란 곧 모든 악을 없애고 선을 일으키
는 것이라고 볼 수 있습니다. 즉 사정근이란 악법을 없애고 선법
을 일으키고자 여러 가지 바른 수행을 부지런히 힘써 닦는 것입
니다. 이에 사정근은 정진[精進, 근(勤)]이 중심이 됩니다.

칠불통계게(七佛通戒偈)라고 하여 석가모니 부처님을 위시한
과거 일곱 분의 부처님께서 공통으로 하신 말씀이 떠오릅니다.

제악막작(諸惡莫作)　모든 악을 짓지 말고
중선봉행(衆善奉行)　여러 선을 받들어 행하여
자정기의(自淨其意)　스스로 그 마음을 깨끗이 하라
시제불교(是諸佛敎)　이것이 모든 부처님의 가르침이라.

<u>8</u>

# 팔정도(八正道),
# 여덟 가지 바른 실천 덕목

팔정도는 석가모니 부처님께서 녹야원 초전법륜(初轉法輪)에서 다섯 비구에게 강조하신 불교의 대표적인 실천 수행입니다. 팔성도지(八聖道支), 팔정도분(八正道分) 등으로도 일컬어지며, 정견(正見), 정사유[正思惟, 또는 정사(正思)], 정어(正語), 정업(正業), 정명(正命), 정정진[正精進, 또는 정방편(正方便)], 정념(正念), 정정(正定) 등 여덟 가지 덕목으로 이루어져 있습니다. 팔정도 각 덕목에 대한 오늘날 번역은 학자마다 다양합니다. 이에 『잡아함경』「사정경(邪正經)」을 통해 그 내용을 먼저 살펴보겠습니다.

① **정견**(正見, 바른 견해)

보시가 있고 교설이 있고 재(齋)가 있고 선한 행위가 있고 악한 행위가 있고 선하고 악한 행위의 과보가 있고 이 세상이 있고 저 세상이 있고 부모가 있고 중생의 태어남이 있고 아라한이 (열반으로) 잘 이르고 잘 도달함 등이 있다고 말하는 것입니다.

② **정사유**(正思惟, 바른 사유, 바른 생각)

탐욕을 여읜 생각, 성냄이 없는 생각, 해치지 않는 생각입니다.

③ **정어**(正語, 바른 말)

거짓말, 이간질, 나쁜 말, 꾸민 말을 떠난 것입니다.

④ **정업**(正業, 바른 행동)

살생과 도둑질과 그릇된 음행을 떠난 것입니다.

⑤ **정명**(正命, 바른 직업)

의복, 음식, 와구, 탕약을 법답게 구하고, 법에 어긋나게 구하지 않는 것입니다.

⑥ **정정진**(正精進, 바른 정진, 바른 노력)

방편으로 꾸준히 힘써 번뇌를 떠나려 하고, 부지런하고 조심하여 항상 물러나지 않도록 행하는 것입니다.

⑦ **정념**(正念, 바른 마음챙김, 바른 기억)

생각을 따르고 잊지 않으며 헛되지 않게 하는 것입니다.

⑧ **정정**(正定, 바른 선정, 바른 집중)

마음을 어지럽지 않은 데 두고 굳게 거두어 가져, 고요한 삼매에 든 마음입니다.

팔정도의 여덟 가지 덕목을 이러한 설명을 통해보면 어느 정도 구분이 되지만, 단지 번역만 보면 명확한 구분이 힘든 경우가 있습니다.

우선 정견(正見), 정사유(正思惟), 정념(正念)의 경우입니다. 보통 바른 견해, 바른 생각, 바른 기억 등으로 번역합니다. 그러나 '내 생각에는'이라는 말처럼 이때 '생각'은 '견해'와 같은 뜻으로 사용되는 경우가 있습니다. 따라서 정견인 '바른 견해'와 정사유인 '바른 생각'을 구분하는 설명이 필요합니다. 더구나 어떤 곳에는 '생각 넘(念)'으로 해석해서 정념을 '바른 생각'으로 번역하기도 합니다.

우선 정사유는 정어(正語), 정업(正業)과 함께 이해하는 것이 도움이 됩니다. 중생이 짓는 업을 신구의(身口意) 삼업(三業)으로 구분합니다. 이러한 신구의 삼업에 각각 정업·정어·정사유가 연결됩니다. 그래서 정업은 바른 행동으로, 정어는 바른 말로, 정사유는 바른 생각으로 번역합니다. 이런 의미에서 본다면 정견이나 정념도 의업에 속하지만, 그 자체의 뛰어난 특성 때문에 정사유에 포함시키지 않고 별도의 항목으로 구분하였습니다. 이때 정사유는 지금 이 순간 일어나는 바른 생각을 말하게 됩니다.

정견은 보통 바른 견해로 번역합니다. "보시가 있고, 교설이 있고, … 말하는 것입니다."라는 것은, '인과가 있고, 중생의 삶이 있고, 성자의 깨달음이 있다는 것을 말한다'는 것입니다. 여기서 '…을 말한다'는 것은 자신의 견해를 말한다는 것입니다. 따라서 그 말하는 바탕에는 그러한 견해, 그러한 가치관이 있다는 뜻이니, 바른 견해로 번역합니다. 또는 경전에서는 정견을 '사성제를 아는 것'이라고 설명합니다.

그래서 바른 견해(정견)가 있어야 바른 생각(정사유)이 가능하다고 풀이합니다. 그리하여 현실을 있는 그대로 보고 이치에 맞게 생각한다는 것입니다.

정념에서 '념(念)'은 단순하게 '생각'이라는 뜻이 아니라, 부수적인 마음(심소법) 가운데 하나로 전념(專念) 불망(不忘)의 뜻을 지닙니다. 즉, 앞서 익혔던 대상을 명확히 기억하여 잊지 않게 하여 선정을 이끌어내는 마음 작용을 말합니다. 어떤 경전에서는 정념을 사념처로 설명하기도 합니다. 이에 정념을 바른 마음챙김, 바른 기억 등으로 번역합니다. 이때 기억은 지난 옛일을 떠올리는 기억이 아니라, 앞 찰나의 생각을 놓치지 않는다는 뜻입니다.

이렇게 볼 때, 정견은 세상에 대한 '바른 견해'라는 뜻이고, 정사유는 지금 순간순간 일어나는 생각이 '바른 생각'이라는 뜻이고, 정념은 이리저리 혼란스럽게 일어나는 생각이 아니라 앞 생각을 놓치지 않고 생각이 이어져 선정을 이끌어내는 '바른 마음 챙김', '바른 기억'이라는 뜻입니다.

정업(正業)과 정명(正命) 또한 번역된 용어 때문에 혼동됩니다. 앞에서 언급한 대로 정업은 신구의 삼업에서 신업(身業), 즉 몸으로 짓는 업에 해당되어 '바른 행동' 또는 '바른 행위'로 번역합니다. 그런데 정명을 '바른 생활'로 번역하는 경우에는 '바른 행동'으로 번역된 정업과 구분이 필요합니다. 정명의 뜻을 살펴보자면, 명(命)은 '목숨'입니다. 그 목숨과 관련된 것은 결국 생활 수단, 생계 수단으로 연결됨으로 직업이 됩니다. 그래서 정명을 '바른 직업'으로 번역합니다. 여기서 '직업'이라고 번역할 때 정업의 '업'과 연결되어 또 혼동하기도 합니다. 한편, 수행자의 경우에는 직업이라는 번역은 맞지 않습니다. 그런 점에서 '바른 생활'이라 번역한 것으로 보여집니다. 이와 같이 정업은 몸으로 짓는 '바른 행동'이라는 뜻이고, 정명은 목숨과 관련된 생활 수단, 생계 수단으로 '바른 직업' 또는 '바른 생활'이라는 뜻입니다.

# 9

# 육바라밀,
# 여섯 가지 보살행,
# 여섯 가지 부처님행

육바라밀은 대승 보살들의 실천 덕목으로서 보시·지계·인욕·정
진·선정·반야를 말합니다.

'바라밀'은 파라미타(pāramitā)를 음역한 것으로, 『금강반야바
라밀경』처럼 구마라집 스님(343~413)은 '바라밀'이라 음역하였고,
『마하반야바라밀다심경』처럼 현장 스님(600~664)은 '바라밀다'
로 음역하였습니다. 바라밀은 보통 '미혹의 이 언덕에서 깨달음
의 저 언덕에 이르다(또는 건너다)'라는 뜻으로 도피안(到彼岸), 도(度)
등으로 번역합니다. 또는 근래 학자들은 완성, 성취, 최상 등으로
풀이하기도 합니다.

그런데 바라밀이 수행이라는 측면에서 언급될 때에는 '저
언덕에 이른 상태'인 완성, 최상, 성취라는 의미보다는 '저 언덕
에 이르게 하는' 방법으로 이해되기 쉽습니다. 즉, 보시·지계·인
욕·정진·선정·반야라는 육바라밀을 실천함으로써 깨달음을 이
룬다고 이해할 때에는 바라밀은 완성이라기보다는 완성으로 가
는 방법으로 이해됩니다. 특히 『반야심경』에서는 '반야바라밀다

를 행한다'고 언급하기 때문입니다.

그러나 광덕 스님(1927~1999)은 이에 대해 다음과 같이 단호하게 말씀합니다.

> 바라밀은 완전에 도달한 상태를 의미한다. 종래 도피안 또는 도무극이라 번역했다. 반야에 의해 현전한 절대의 경계를 말한다 하겠다. 즉 진리의 세계를 의미하며 우리의 본래실상, 진여법성에 도달하고 무한공덕이 구전한 대해탈의 상태다. 그러므로 바라밀을 '피안에 이른다'는 의미로 해석하는 것은 바라밀의 내포를 충분히 말한 것이 못 되는 것이다.
>
> 광덕 스님, 『반야심경 강의』(광덕 스님 전집 제3권), 불광출판사, 46쪽~47쪽

스님의 말씀에 의하면, '바라밀'에는 완성, 성취, 최상의 의미가 담겨있습니다. 이때 도피안은 '저 언덕으로 도달하는 과정'의 뜻이 아니라 '저 언덕에 도달한 상태'의 뜻이 됩니다.

그렇다면 육바라밀을 이루는 실천 덕목은 어떤 의미가 있는가. 그 뜻을 하나하나 살펴보고자 합니다.

① **보시바라밀**(布施波羅蜜)

'단(檀)바라밀' 또는 '단나(檀那)바라밀'이라 음역합니다. 보시바라밀은 아무런 조건 없이 주는 것, 즉 보수를 바라지 않고 봉사하여 모든 이에게 기쁨과 평화를 주며, 즐거움을 주는 것이다. 굶주린 사람에게 먹을 것을 주고 헐벗은 사람에게 입을 것을 주며[재보시

(財布施)], 진리를 알지 못하는 사람에게 법을 전하고[법보시(法布施)],
두려워하는 사람에게 용기와 위안을 주는 것[무외시(無畏施)]입니다.

그리고 보시바라밀은 삼륜청정(三輪淸淨)한 보시이어야 합니
다. 삼륜이란 주는 이의 마음과 받는 이의 마음과 보시하는 물건
을 말합니다. 이 셋이 모두 청정해야 합니다.

이러한 보시는 안으로는 자신의 아끼고 탐하는 마음을 끊고,
밖으로는 모든 중생에게 이로움을 주려는 마음을 이룩하는 일이
됩니다.


② **지계바라밀**(持戒波羅蜜)

'시라(尸羅)바라밀'이라 음역합니다. 지계바라밀은 계를 잘 지니
고 생활해나감을 말합니다. 지계바라밀은 스스로 자기 자신의
그릇됨을 고치고, 남을 보호하며, 적은 것에 만족하고, 착한 것을
권장하고 악한 것을 싫어하며, 옳지 않은 것을 막고 옳은 것을 실
천하여 안온한 해탈의 길에 이르게 합니다.


③ **인욕바라밀**(忍辱波羅蜜)

'찬제(羼提)바라밀'이라 음역합니다. 인욕바라밀은 참기 어려운
일을 참고 욕된 일을 당하여서도 스스로 성냄을 참고 남을 이해
하고 용서하며, 사랑하며 자신의 이익이나 명예에 집착하지 않
고, 원망하지 않는 무아행을 말합니다.

④ **정진바라밀**(精進波羅蜜)

'비리야(毘梨耶)바라밀'이라 음역합니다. 정진바라밀이란 한결같은 마음으로 정성을 다해 끊임없이 계속하는 줄기찬 노력이며, 게으름과 방일에 물들지 않는 생활을 말합니다.

⑤ **선정바라밀**(禪定波羅蜜)

'선나(禪那)바라밀'이라 음역합니다. 선정바라밀은 모든 헛된 생각을 버리고 마음을 고요히 한 곳에 집중하는 수행을 말합니다. 번뇌 망상으로 인하여 생겨나는 번거롭고 소란한 마음을 진정시켜 정신을 통일하는 것으로, 정(定) 또는 삼매(三昧)라고 합니다.

⑥ **반야바라밀**(般若波羅蜜)

'지혜바라밀'이라고도 합니다. 반야는 진리를 직관하는 지혜입니다. 이 지혜는 경험이나 사색을 통해 얻는 지식과 다릅니다. 반야란 진리의 세계, 만물의 참모습을 환히 비추어 보는 밝음입니다. 반야바라밀은 육바라밀 중에서도 매우 중요합니다.

앞서 바라밀을 '완전에 도달한 상태'라고 풀이할 때, 바라밀과 여섯 가지 덕목의 관계에 대해서도 크게 두 가지 가르침이 있습니다.

하나는 이러한 여섯 가지 실천 덕목을 통해 바라밀에 들어서게 된다고 하는 가르침이 있습니다. 또 하나는, 바라밀은 우리들이 본래 갖추고 있는 본래실상이라는 광덕 스님의 말씀처럼, 그 여섯은 바라밀을 이루기 위한 수행이 아니라 본래실상인 바라밀에서 나온 보살행이자, 불행(佛行)이라는 가르침이 있습니다. 지금 실천하고 있는 보시·지계·인욕·정진·선정·반야 하나하나가 바로 부처님행입니다.

**글을 마치며**

# 다름과
# 느림

이 글에서는 연기법에 대한 이해를 강조하며 서술해 갔습니다. 특히 마음 작용의 측면에서 연기법을 이해하였습니다. 예를 들면, 물[水]이라고 할 자성이 없음을 설명할 때, 보통 '물은 물이라 할 것이 없다. 물은 산소와 수소로 관계지어져 있기 때문이다'라고 합니다. 그런데 이 책에서는 옛글에서 언급하는 것처럼 일수사견(一水四見)의 입장에서 연기법을 살펴보았습니다. 인간에게는 물로 보이지만, 하늘 중생에게는 보석으로, 아귀에게는 피고름으로, 물고기에게는 집이나 길로 보인다는 것입니다. 이는 한 가지 물이 중생에 따라 다르게 보인다는 것입니다. 만약 그 자체에 물이라는 자성이 있다면, 인간, 하늘 중생, 아귀, 물고기 모두에게 물로 보여야 합니다. 그러나 그렇지 않으니, 인간의 눈에 보이는 물은 그 자체에 물이라는 자성이 없다는 것입니다.

일수사견의 경우, 하늘 중생, 아귀, 물고기 등이 등장하기 때문에 받아들이지 않는 분도 있을 것입니다. '하늘 중생, 아귀, 물고기에게 그렇게 보이는지 당신이 어떻게 아는가?'라고 말입니다. 그래서 많은 예를 들었습니다. 그 중에 하나가 개 짖는 소리입니다. 개가 짖으면, 우리는 개가 '멍멍' 짖는다고 합니다. 그런데 과연 그 개가 '멍멍' 짖었을까요? 만약 개가 '멍멍' 짖었다면 미국인에게도 '멍멍'으로 들려야 하는데, 그렇지 않습니다. '바우와우' 짖는다고도 합니다.

과연 개는 어떻게 짖었을까요? 단지 우리는 개가 '멍멍' 짖는다고 그렇게 알아왔기 때문에 개가 짖는 순간 개가 '멍멍' 짖는다고 하는 것뿐입니다. '멍멍'이라는 소리는 개에게 있지 않습니다. 그렇다고 개를 떠나서도 있지 않습니다. 아무리 그래도 고양이가 '멍멍' 짖는다고 하지는 않으니 말입니다.

이렇듯, 우리는 이 순간 이전까지 축적된 정보를 통해 세상을 이해하고 파악합니다. 그런데 각각 축적된 정보가 다르면 어떻게 되겠습니까? 세상을 다르게 이해하게 됩니다. 개 짖는 소리는 '멍멍'이 맞고 '바우와우'는 틀렸다고 할 수 없습니다. 인간에게 보이는 물이, 하늘 중생에게 보석으로, 아귀에게 피고름으로, 물고기에게는 집이나 길로 보이는 것처럼, 자신이 어떤 환경에 놓여 있는가에 따라 세상이 다르게 보입니다.

이렇게 마음의 관계성으로 연기법을 이해한다면, 비록 지금 깨달음을 얻은 성자가 아닐지라도 하나의 중요한 가르침을 얻게 됩니다. '나는 이렇게 보지만, 다른 이는 다르게 볼 수도 있겠구나'라는 것입니다. 이러한 가르침을 '다름'이라고 합니다. 어떤 문화나 환경에 놓여 있는가에 따라 세상을 다르게 파악합니다. 인터넷 댓글을 보면, 하나의 사건에 대해 참으로 다양한 의견을 내놓고 있습니다.

그런데 '다름'을 바라본다는 것은 쉽지 않습니다. '나는 너와 다르다'고 표현해야 할 경우에도 '나는 너와 틀리다'고 하는 것처럼, 마음 깊은 곳부터 내 생각과 다른 것은 '다른 것'이 아니라 '틀린 것'입니다. '그래, 지금 이 순간부터 틀린 것이 아니라 다른 것이다. 다른 이의 견해에 귀를 기울이자'라고 다짐하지만, 삶 속에서 실천하기란 쉽지 않습니다. 긴 시간 쌓여 있던 습성으로 다시 상대방을 무시하게 됩니다. 힘이 있다면 더욱 그렇습니다.

다름을 바라볼 수 있으려면 사고가 천천히 가야 합니다. 생각이 앞선다면 다름을 바라보기란 쉽지 않습니다. 이에 다름을 바라보기 위해서는 '느림'이 필요합니다. 자동차가 빨리 달리면 시야가 좁아지고, 천천히 달리면 시야가 넓어지는 것과 같습니다. 사고의 속도는 호흡의 속도와 관계가 있습니다. 생각을 가다듬을 때 심호흡을 하는 것처럼 말입니다. 호흡이 느리면 사고도 느립니다. 우리가 하는 수행, 다 호흡과 관계되어 있습니다. 수행을 통해 천천히 느리게 호흡하게 되면, 그것은 사고의 느림으로 이어집니다.

이처럼 부처님 가르침을 '다름과 느림'이라는 용어로 정리해 봅니다. 서로를 인정하는 것은 참으로 중요합니다. 다양한 문화가 함께 하는 이 세상에서 말입니다. 그러나 그것은 그냥 되는 것이 아닙니다. 수행과 실천을 통해 이루어진다 할 것입니다.

또 한 권의 책이 세상의 빛을 보게 되었습니다. 이 책은 3년 반의 세월 동안 월간 불광의 '기초 튼튼 불교 교리 한 토막'이라는 꼭지를 통해 연재하였던 글을 보충하고 다듬은 글입니다. 말이 '기초'이지 초보자가 보기에 벅차다는 의견이 많았습니다. 보통 '기초'라고 하면 '쉽다', '기본이다', '튼튼하다', '바르다' 등의 뜻이 연상되지만, 이 모든 뜻을 다 갖춘 글을 쓴다는 것은 참으로 쉽지 않다는 것을 알았습니다. '튼튼하고 바른 기초'를 '쉽게' 전하기 위해서는 부단한 노력이 필요함을 느꼈습니다. 정진하겠습니다.

이 책이 나오기까지 물심양면으로 도움을 주신 불광사 불광법회 및 불광출판사 관계자 여러분 그리고 인연 있는 모든 분에게 고마운 마음을 전합니다.

끝으로 부처님 가르침과 함께 할 수 있도록 많은 은혜를 베풀어주시고 이 땅의 대중 불교를 위해 평생을 정진하시다 올해 2월 8일 입적하신, 저의 숙부이자 스승이신 미천(彌天) 목정배(睦楨培) 박사님 영전에 이 책을 바칩니다. 극락왕생을 기원합니다.

불기 2558년(2014년) 3월, 불법승 삼보에 귀의하며

목경찬 두 손 모음

# 연기법으로
# 읽는
# 불교

ⓒ 목경찬, 2014

2014년 3월 26일 초판 1쇄 발행
2025년 1월 7일 초판 8쇄 발행

지은이 목경찬
발행인 박상근(至弘) • 편집인 류지호 • 편집이사 양동민
편집 김재호, 양민호, 김소영, 최호승, 하다해, 정유리 • 디자인 김소현
제작 김명환 • 마케팅 김대현, 이선호, 류지수 • 관리 윤정안
콘텐츠국 유권준, 김대우, 김희준
펴낸 곳 불광출판사 (03169) 서울시 종로구 사직로10길 17 인왕빌딩 301호
　　　　대표전화 02) 420-3200 편집부 02) 420-3300. 팩시밀리 02) 420-3400
　　　　출판등록 제300-2009-130호(1979. 10. 10.)

ISBN 978-89-7479-048-6 (03220)

값 15,000원